Sepulcro de Agua

morir es vivir

Kyle W. Bauer

Prólogo por Lilly Goodman

Sepulcro de Agua
Copyright © 2016 Kyle W. Bauer
Segunda edición 2019
Todos derechos reservados.

A menos de que sea indicado a lo contrario, todas citas bíblicas son tomadas de La Santa Biblia, versión Reina Valera 1960.

ISBN: 978-0-578-18550-7

Fotografía de la portada de www.unsplash.com

Dedicado a mi esposa Teresa quien es una mujer maravillosa de Dios, y sin ella el ministerio no sería posible.

¡Te amo!

También un agradecimiento especial para Bonnie Willey and Jackie Murillo Quienes pasaron muchas horas leyendo este libro una y otra vez.

Tabla de Contenido

	Prólogo	vi
	Introducción	1
1	El Bautismo	6
2	El Bautismo es Libertad	18
3	Bautismo: El Sepulcro de Agua	29
4	El Bautismo: Las Aguas de Resurrección	39
5	El Bautismo es Preparación, Purificación y Participación	64
6	El Bautismo Simboliza la Entrada en la Familia de Dios	84
7	El Bautismo de Jesús	99
8	El Bautismo Nos Abre las Puertas a lo Sobrenatural	121
	Bautizo de Infantes	140
	Apéndice	142
	Acerca del Autor	146

Prólogo

Mi esposo David y yo hemos conocido a Kyle y Teresa ya por más de una década. Hemos compartido muchas comidas, pláticas, risas y diferentes vivencias juntos, pero el amor por Dios, la pasión de servirle y el compromiso por las cosas del Reino que se respira en su entorno, es una de las cosas que más he disfrutado ver de cerca.

Kyle es un diligente estudiante de la palabra de Dios, lo cual le ha llevado a descubrir verdades bíblicas valiosas para su aprendizaje y crecimiento, como también para enseñar en la congregación que lideran. Me alegra que ahora este su primer libro esté disponible para todos los que desean obtener más conocimiento en el tema del bautismo.

Creo que por mucho tiempo la ignorancia/falta de conocimiento ha sido usada como ventaja por el enemigo para conducir a muchos cristianos a llevar una simple pasiva vida religiosa sin entender el significado de lo que hacen, ni por que es necesario hacerlo; sobretodo perdiéndose la gloriosa aventura de tener una relación íntima, fresca, real, dinámica y diaria con Cristo a través del Espíritu Santo.

Mi oración es que el "Sepulcro de Agua" pueda ser una herramienta usada por Dios para traer claridad acerca de la belleza e importancia del bautismo en agua. Que aquellos que todavía no hayan vivido la experiencia se motiven, y los que ya lo han experimentado sean inspirados a caminar en la libertad y poder que han recibido por medio de la obra gloriosa de Cristo.

Lilly Goodman
Salmista y Autora

Kyle W. Bauer

Introducción

A nadie le gusta una historia que termina mal. A nadie le gusta cuando el héroe muere. A nosotros no nos gusta la sensación de pérdida, desesperación o la victoria del villano que prevalece sobre el bien. La famosa obra de Shakespeare, Romeo y Julieta, tiene un final horrible. Nosotros celebramos el éxito de los amantes prohibidos, queriendo que el amor triunfe sobre el más amargo odio, pero los amantes mueren y la historia termina en catástrofe. El odio entre las dos familias de los amantes persiste, y las únicas dos personas que fueron capaces de ver más allá del odio están muertos.

No nos gustan historias como esta porque sabemos que la vida debe ser diferente, y esperamos desesperadamente que así sea. Cuando leemos un libro o miramos una película y hay un giro inesperado en la historia donde todo lo que era bueno y correcto experimenta una súbita catástrofe, muchas veces sentimos como un puñetazo en el estómago como si estuviéramos viviendo la misma pérdida catastrófica junto con el protagonista. Sin embargo, la mayoría de las historias no terminan en mal, y la nuestra con Jesús tampoco terminará mal. Pero la catástrofe también llega a nuestras historias.

Dios creó todo para ser bueno así como Él. Luego Él se coronó con la creación de la humanidad. El ser humano fue creado bueno como su Creador. Entonces la catástrofe aparece—la humanidad perdió toda la bondad dada por Dios. Humanos, Adán y Eva, creyeron la mentira de que podrían tener más poder y conocimiento si sólo se libraran de las cadenas restrictivas del Todopoderoso. Debido a las promesas engañosas de satanás, ellos cambiaron la bondad de Dios por la contaminación del pecado. La promesa de la serpiente era tan vacía como destructiva. Como resultado, la pérdida que la humanidad sufrió es la más desgarradora.

Puede que no parezca tan triste o emocionalmente desgarradora cuando lo leemos en Génesis, pero cuando nos damos cuenta que más allá de ser una historia escrita, es nuestra vida-real en destrucción, y la pérdida que hemos sufrimos en nuestras propias vidas es la presencia eterna de Dios. De repente, el desastre se vuelve más real para cada uno de nosotros. Esto no es un cuento ni una leyenda antigua, tampoco es uno de esos horribles sueños que parece tan real. ¡No! Esta historia es verdadera.

La palabra "catástrofe" es de origen griego y es una palabra compuesta de "cata" (que significa "abajo/contra") y "estrofa" (que significa "vuelta de tuerca/girando acerca de"). Por lo tanto, una catástrofe es un giro repentino y desastroso de acontecimientos inesperados. Muy a menudo en la literatura, parte de lo que atrae el desastre desgarrador sobre el héroe es la imposición sobre él o ella para tomar una acción imposible que nadie más puede hacer en medio de una circunstancia casi imposible. Muchas veces el héroe o heroína se sacrifica a sí mismo por el bien de los demás o pelea heróicamente—y parece fracasar frente a la maldad agobiadora. Parece que su vida fue dada en vano y todo su esfuerzo en balde.

Como el héroe que parece que está derrotado, cada uno estamos en medio de nuestra historia. La catástrofe nos ha golpeado y la vida que vivimos está privada de la bondad que Dios quería para nosotros. Estamos en la posición precaria de vida-o-muerte y Dios está buscando tornarla. Dios nos esta pidiendo hacer el sacrificio más grande entregar nuestras vidas. Él nos pide que le demos todo, y pareciera que a cambio nos dará algo pequeño. Dios nos pide seguirlo en las aguas del bautismo para hundirnos y ahogarnos en las profundidades de un sepúlcro de agua para perder todo lo que hemos conocido... y ¿para qué? ¿Para su causa?

¿Por qué Él dijo? Parece un trato injusto pedir la muerte del protagonista de tu historia—tú. Parece que Dios está empeorando la catástrofe.

Esta catástrofe no es una de las grandes historias que nos encanta leer, ver y escuchar, una y otra vez. Las historias que más nos gustan rara vez terminan en catástrofe. Siempre, después del repentino, desastroso, giro de acontecimientos, viene entonces un "eucatástrofe." "Eu" viene del griego y significa "bueno" y esta palabra, inventada por J.R.R. Tolkien, es un giro favorable de los acontecimientos que pocos anticiparon, pero el trastorno de eventos, el "eucatástrofe," asegura el triunfo final del bien.

En la Biblia, Jesús, quien es el Mesías esperado; el hacedor de milagros; el perdonador compasivo de los pecados; la esperanza de Israel; es brutalmente y catastróficamente crucificado. Todos sus seguidores no sólo lloran su muerte, sino también la muerte de todas sus esperanzas y sueños. Después de tres días de llanto, Jesús resucitó milagrosamente de entre los muertos en un eucatástrofe y cumplió todas las profecías y promesas de Dios para con su pueblo. La tragedia se tornó en un triunfo inesperado.

Es en las catástrofes que Dios trabaja las mayores eucatástrofe. La destrucción de la bondad de Dios en la humanidad solamente se recupera a través muerte catastrófica de Jesús y, en seguida, nuestra muerte junto con él. Nuestra muerte simbólica se requiere en el bautismo, el sepúlcro de agua. Nuestra muerte junto con Jesucristo implica la muerte de la vida catastrófica que hemos vivido hasta este punto. Aunque la muerte es simbólica, se siente muy real. Nos queremos aferrar a lo que hemos realizado en nuestras vidas, pero Dios nos pide abandonarlo todo por su causa. Algo que nos parece catastrófico es permitir que nuestras esperanzas, sueños, ambiciones, antigüas formas de pensar y formas de vivir para siempre sean ahogados en el agua. Sin embargo, es en esta la muerte catastrófica que Dios es capaz de convertir de repente todo a nuestro favor. ¡Todo lo que se perdió se cambia en un instante! La pérdida se nos vuelve ganancia.

A medida que avanzas a través de este libro, verás que nuestra muerte en este sepulcro de agua es en realidad un paso simbólico hacia la plenitud de vida que está disponible para nosotros en Jesucristo. Jesús dijo que el que ama su vida la perderá, pero el que pierde su vida por mi causa, la encontrará (Mateo 10:39). No puede haber resurrección sin que haya primero la muerte. La única manera de vivir verdaderamente una vida transformada, en una vida sobrenatural en el Reino de Dios, es pasar por el sepulcro de agua.

I
El Bautismo

¡Este libro es para ti! Este libro es para ti si nada más quieres información acerca del bautismo, si quieres ser bautizado o si ya estás bautizado. Como veremos a lo largo de este libro, el bautismo en agua es una representación de la salvación, la plena salvación, que Jesús cumplió para nosotros. La salvación es mucho más que ser perdonados de pecado—¡aunque es el componente esencial! Tú verás que el bautismo es también un concepto mucho más amplio que un simple ritual de inmersión en agua. Jesús nos ordenó en Mateo 28:19 que fuéramos bautizados en el nombre del Padre, del Hijo, y el Espíritu Santo. En otras palabras, hay diferentes componentes en la realidad del bautismo que nos dan una comprensión mucho más profunda de este símbolo.

El bautismo es más que simplemente la pronunciación de un pastor diciendo: "Yo te bautizo en el nombre del Padre, el Hijo, y el Espíritu Santo," al sumergirte en el agua. El bautismo simboliza la forma total en que Dios el Padre nos trae dentro de su familia y heredamos todas las bendiciones espirituales de su Reino; la forma en que Dios, el Hijo, nos ha salvado y liberado de nuestra esclavitud al pecado; y el medio en que Dios, el Espíritu Santo, nos da poder sobrenatural para hacer las mismas obras que Jesús hizo con el fin de ministrar la vida de Dios a un mundo quebrantado. El bautismo es el símbolo de nuestra salvación **_completa_**.

La salvación es mucho más que un punto singular en el tiempo. La salvación es instantánea cuando nos arrepentimos del pecado y confesamos a Cristo Jesús como nuestro Señor y Salvador. Pero también es el proceso completo de Dios en Cristo Jesús para la *restauración* de la humanidad a una relación personal con Él, la *renovación* de salud física, emocional y espiritual, la *recuperación* del destino al cual todos fueron creados, y la *recarga* de poder para cumplir ese destino.

¡Sí, este libro es para tí! Quiero invitarte a caminar a través de este libro con un corazón abierto y permitir que Dios abra para ti, no sólo el entendimiento del rito del bautismo, sino también la manera de caminar en su pleno poder y la eficacia en tu vida hoy.

La Puerta del Bautismo

Mientras lanzamos este estudio del significado en el bautismo de agua, es importante que entremos con la mentalidad adecuada en cuanto al por que Dios lo estableció. El bautismo es más que un rito o ritual que Jesucristo estableció. Dios no estableció el bautismo a fin de que sus hijos ganen puntos o estar mejor colocados para competir más eficazmente por sus afectos, ni para avanzar nuestro estatus espiritual. Tampoco el bautismo es dado para elevarnos por encima de otros que todavía no han dado este paso de fe. Más bien, Jesús vino a establecer una forma de vida en la que hemos de seguirlo a Él para que ***su vida*** pueda ser ***nuestra vida***; ***su poder*** pueda ser ***nuestro poder***; y ***su victoria*** pueda ser ***nuestra victoria***.

El bautismo en agua es el símbolo de nuestra salvación viva y creciente en la que llegamos a ser parte de una nueva familia y aprender a vivir en un nuevo Reino. También nuestra salvación es el punto de entrada hacia una vida mucho más una vida para llegar a ser las personas que Dios quiere que seamos. Todo esto significa que debemos: experimentar una renovación en la vida y esto requiere una nueva manera de vivir— ¡Tenemos mucho que aprender!

Antes de comenzar su ministerio, trabajar algún milagro, predicar sermones, resucitar a los muertos, sanar a los enfermos o echar fuera demonios, Jesús fue bautizado para *"cumplir toda justicia"* (Mateo 3:15). Para entender porque Jesús fue bautizado y porque somos enconmendados en seguirlo en las aguas, hay que mirar más allá del ritual de simplemente sumergirnos en el agua.

El bautismo no es un rito que nos hace parte de una institución religiosa; más bien nos une a la misma vida que Cristo Jesús ejemplificó para nosotros y nos produce una manera sobrenatural de vivir que es mucho más allá de nuestro pecado y es una vida llena del Espíritu de Dios. El mandato para el bautismo que Jesús nos dio suelta hacia nosotros la vida, libertad y poder de Dios—y este poder es efectivo durante toda nuestra vida.

Esta vida de la salvación va mucho más allá de una experiencia solitaria. El acto del bautismo es mucho más que simplemente mojarse. El bautismo no es para la salvación, sino es la representación de la realidad del poder que Dios nos proporciona en la salvación que continuamente transforma nuestras vidas. Cuando somos inmersos en las aguas del bautismo y damos la bienvenida a esta manera sobrenatural de vida nueva, es en esencia, la puerta de entrada hacia el proceso de vivir y crecer como un discípulo de Jesucristo.

Tal vez te haces la pregunta: "Si el bautismo es sólo un símbolo o una representación, entonces ¿por qué necesitamos hacerlo?" **Primero,** se trata de un paso de obediencia—Jesús nos dijo que lo hiciéramos" (Mateo 28:19). En todos mis años de conocer a Jesús, he encontrado que los sencillos pasos de obediencia abren puertas al reino espiritual y libera el flujo de la bendición de Dios sobre nuestras vidas.

En mis años de pastorado, he sido testigo de cuatro pasos de obediencia—cuatro fuentes que fluyen de nuestro ser—que nunca han fallado en soltar bendiciones de Dios en la vida personal: 1) El bautismo en agua como símbolo de nuestra salvación, 2) Diezmar y ofrendar, 3) Las palabras de la boca, y 4) La pureza sexual. Son acciones que alinean nuestras vidas con la manera establecida por Dios en como vivir y son las fuentes que fluyen desde nuestras vidas hacia el mundo que nos rodea (la fuentes siendo el flujo de nuestra vida espiritual, nuestro dinero, nuestras palabras y nuestra procreación/identidad).

Cuando sometemos estas cosas al Señor y vivimos en obediencia a la manera en que Él diseñó la vida para ser vivida, conforme a su Palabra, estas fuentes de vida fluyen con el poder y bendición de Dios y no llegan a ser fuentes contaminadas y enfermizas que no permiten la vida sana. En su Palabra, Dios nos pide actuar sobre mandatos sencillos, y a través de una acción pequeña de nuestra parte, ¡Dios hace una cosa grande en nosotros! Gran poder es desatado en la expresión física de una realidad espiritual. Al igual que una boda es un símbolo físico de la realidad de dos vidas uniéndose, el bautismo es el símbolo físico de la realidad de unirnos a Jesucristo.

No podemos vivir en la totalidad de la bendición prometida por Dios y su poder si no nos hemos primeramente sometido a esta directiva del Señor. El bautismo tiene que ver con la presentación de cada parte de nuestras vidas al Señorío de Jesucristo. Yo he conocido a gente que ama a Dios, son muy sinceros en su fe y que han seguido a Jesús desde hace muchos años sin haber sido bautizados. Sin embargo, el momento que tomaron la decisión de bautizarse, se produjo un avance inmediato en su relación con Dios junto con liberacion en áreas de sus vidas donde habían luchado anteriormente. Al igual, he visto gente que comienza a diezmar, parejas que deciden casarse, comenzando a vivir en libertad y bendición en la cual no caminaban antes. Nunca perdemos cuando decidimos vivir en obediencia a lo que Dios nos pide. El creador de la vida sabe muy bien cómo la misma vida debe ser vivida, y somos bendecidos cuando vivimos de la manera que fue diseñado por Dios.

Pozos de Agua Viva

La verdad del bautismo va mucho más profunda que el agua física, y el poder del bautismo dura más allá del momento de la inmersión. El bautismo introduce en nosotros un estilo de vida, un caminar en libertad y el poder de Dios. El bautismo es un acto de fe, y la fe es lo que efectua el poder del bautismo. Si la sinceridad, la fe y la verdad no acompañan a una persona cuando entra en el agua, y si el bautismo es tratado solo como un ritual sin significado, entonces el simbolismo de la realidad y el poder que hay en el bautismo es obstaculizado. Si es nada más un ritual hecho para complacer a gente y no realizado con sinceridad de corazón delante de Dios, al final de la ceremonia, ¡todo lo que tendrás es una persona mojada, no una persona transformada! Vivir a diario el poder del bautismo requiere **diligencia contínua de nuestra parte,** y nosotros recibimos a su vez la **contínua corriente de gracia por parte de Dios**.

Nuestra diligencia no activa la gracia y la bondad de Dios como si pudiéramos ganarlas a través de muchas buenas obras. Más bien, Dios da libremente de su gracia a aquellos que vienen con fe sencilla, como la de un niño. De la misma forma que un estudiante es diligente en sus estudios académicos, esta misma clase de diligencia en nuestras vidas personales nos permite ir tras de la meta, entender, vivir, y descubrir más de las realidades vivientes que Dios ya aplicó hacia nosotros en Jesucristo. La promesa de Jesús para nosotros es que *"todo el que pide recibe, y el que busca encuentra,"* (Mateo 7: 8). Además, Jesús dijo: *"Presten mucha atención a lo que oyen. Cuanto más atentamente escuchen, tanto más entendimiento les será dado, y se les dará aún más,"* (Marcos 4:24, NTV).

La diligencia en la fe y la búsqueda de Dios es recompensada con una relación más profunda, más creciente, y más sustantiva con Dios, (Hebreos 11:6). Jesús declara que *"El que cree en mí, como dice la Escritura, de su interior correrán ríos de agua viva."*

El Apóstol Juan, en el verso siguiente explica la declaración de Jesús: *"Esto dijo del Espíritu que habían de recibir los que creyeran en él, pues aún no había venido el Espíritu Santo, porque Jesús no había sido aún glorificado."* (Juan 7:38-39). El agua de que Jesús habló es del flujo contínuo del Espíritu Santo dentro y a través de nuestras vidas. ¡Qué imagen maravillosa del bautismo! A medida que nos sometemos al Señor en las aguas de bautismo, estamos permitiendo que la obra del Espíritu Santo brote en y a través de nosotros.

En las Escrituras el agua es una de las imágenes esenciales de la obra de Dios por su Espíritu Santo. Es necesario que el pueblo de Dios viva constantemente en el río vital de la gracia de Dios—la gracia que no proviene de nosotros mismos, sino la gracia que brota dentro de nosotros por medio de la obra sobrenatural del Espíritu Santo que nos mantiene fuertes y crecientes. El poder de Dios soltado a nosotros en el bautismo es para mantenernos avanzando en los propósitos de Dios durante toda nuestra vida. Como veremos en este libro, las aguas del bautismo son para libertad, purificación, nueva vida, acceso a las promesas de Dios, para crecer en la familia de Dios y poder para vivir a la manera que a Dios le agrada.

Cuando Jesús habló se sentó al lado de un pozo en Samaria, se encontró con una mujer y Él le dijo, *"pero el que beba del agua que yo le daré, no tendrá sed jamás, sino que el agua que yo le daré será en él una fuente de agua que salte para vida eterna,"* (Juan 4:14).

En esta historia, Jesús dio del agua viva. Esta agua viva que primeramente "brota en nosotros" también llega a ser un pozo dentro de nosotros que brota agua durante toda la vida. Es una imagen hermosa de lo que Dios suelta para nosotros a través del bautismo. El Señor, con nuestra participación, excava un pozo en nuestros corazones que va más allá de la superficialidad (la poca profundidad) de nuestros propios esfuerzos humanos para satisfacer la sed dentro de nosotros. Entre más profundo el pozo, mayor será la bendición de la gracia de Dios para fluir y satisfacer el anhelo más profundo de nuestra alma. La obediencia del bautismo establece un flujo contínuo de la gracia de Dios para nosotros.

En Génesis 26 vemos el resultado de la unión entre la gracia de Dios y la diligencia humana en la historia de Isaac. Isaac, el hijo de Abraham, vivía en la tierra de los Filisteos. El Señor le había bendecido y multiplicado como lo había hecho con su padre. Estaba tan bendecido por Dios que los Filisteos se pusieron celosos y taparon los pozos de agua que Abraham había cavado.

Los pozos dan agua, y el agua representa vida para toda cosa viviente, pero era de especial importancia para un hombre cuyo sustento estaba en la ganadería y la agricultura. Bloquear el flujo de bendición y provisión de Dios fue el intento de los Filisteos para sacar a Isaac fuera de la región.

Del mismo modo, satanás hará todo intento posible para tapar, obstruir y obstaculizar cada cosa buena que Dios está haciendo en nosotros. Así como los Filisteos arrojaban cualquier cosa en los pozos para tapar el flujo de agua, satanás tratará de bloquear nuestras vidas con el pecado y la tentación de este mundo para detener el flujo de la gracia y el poder de Dios para nosotros. Isaac, sin embargo, no permitía tales cosas gobernaran su vida, ni permitía que las promesas de bendiciones por parte de Dios fueran robadas. Isaac no solo cavó de nuevo los pozos de su padre, el excavó cuatro pozos más—¡aun en el desierto seco! (Génesis 26:17-32).

A pesar de que los pozos de Abraham fueron tapados, el hecho es que a cada lugar donde fue Isaac, él cavó pozos y en todas partes que cavó encontró agua. Aún en medio de las circunstancias más difíciles y desiertos más secos, él cavó hasta encontrar agua. Dondequiera que vayamos y en todo lo que hagamos, cuando nos decidimos ser gente que vive en el supremo llamamiento de Dios en el poder de su bautismo, satanás tratará de oponernos en cualquier punto. Al igual que Isaac encontró agua, dondequiera que vayamos, dondequiera que Dios nos coloque y en todo lo que hagamos, nosotros también encontraremos a los pozos de su gracia llenar nuestras almas al vivir en el poder de Su Espíritu y en la realidad del bautismo.

La gracia, abundancia, poder y Espíritu—la misma vida de Jesucristo en que hemos sido bautizados—son suficientes para sostenernos en medio de las dificultades que nos trae la vida. No hemos de renunciar o ceder sino seguir caminando en fe y perseverancia como discípulos de Jesús. Al igual que un pozo de agua inagotable, hay suficiente de los recursos celestiales para echar mano en cualquier momento de la vida y en todos los estados de nuestras almas. A medida que continuamos con diligencia excavando y buscando más de Él, incluso en medio de las circunstancias difíciles de la vida, encontraremos que el pozo de Dios nunca se agota.

La Biblia nos da aún más revelación de los pozos de salvación que están siendo excavados en nuestras vidas. En Juan 4, Jesús habló a la mujer samaritana de los *"pozos de agua viva."* Él provee lo que satisfará la sed más profunda del corazón humano. Más tarde, en Juan 7:37-38, Jesús dice: *"Si alguno tiene sed, que venga a mí y beba. El que cree en mí, como dice la Escritura, de su interior brotarán ríos de agua viva."* El agua que encontramos al venir al Salvador es a la vez un **pozo** y un **río**. A través de la obra de Su Espíritu en nosotros y en nuestra sumisión a Él en el bautismo, le permitimos abrir nuevos pozos en nosotros de los que podremos disponer más y más de su agua viva. Los pozos de agua llenan nuestras almas y despúes se desbordan de nosotros para convertirse en los ríos de agua viva del Espíritu Santo que rebosan de nuestro ser para revivir al mundo alrededor que está seco y sediento.

II

El Bautismo es Libertad

El concepto del bautismo no comenzó con Jesús ni con Juan el Bautista. Aunque el Apóstol Pedro menciona brevemente el Diluvio como un bautismo para la limpieza de la conciencia, el entendimiento del bautismo realmente comienza con la libertad de Israel de Egipto y el milagro colosal de la travesía del Mar Rojo. El salmista hace referencia a este milagro en el Salmo 98:1-3:

Cantad a Jehová cántico nuevo, porque ha hecho maravillas;
Su diestra lo ha salvado y Su santo brazo.
Jehová ha hecho notoria su salvación; a vista de las naciones ha descubierto su justicia. Se ha acordado de su misericordia y de su verdad para con la casa de Israel; todos los términos

*de la tierra han visto la salvación de nuestro
Dios.*

A pesar de que no sabemos quién compuso este salmo, sí sabemos que él fue Hebreo-Israelita. El salmista cantaba por la salvación de Dios y los milagros que hizo por su pueblo de Israel. En la mentalidad hebrea, la salvación de Dios y sus "maravillas" son una referencia al momento en que Dios rescató a su pueblo de la esclavitud en Egipto y luego abrió el Mar Rojo hasta hacer una vía de escape y libertad para ellos.

Este salmo declara que es por la misericordia de Dios—su *Chesed*—que Dios salvó a su pueblo. Hoy en día, experimentamos esta misma misericordia a través de su maravillosa obra de la salvación en Jesucristo. La palabra hebrea *Chesed* se refiere al constante, fiel amor incondicional y la misericordia que Dios tiene para todos. Es a causa de la grandeza de su fidelidad, amor y misericordia (Chesed) para con las personas que Dios hace lo que hace.

Es interesante observar que en estos tres versículos, se menciona la palabra "salvación" tres veces. Dios trabajó su salvación en Israel por liberarlos de la esclavitud en Egipto. Después de su éxodo—su salida—de la tierra de su cautividad, su libertad se finalizó a travéz de las obras maravillosas de Dios al abrir un camino hacia una nueva vida de libertad a través de las aguas del Mar Rojo.

En el hebreo, *Yasha* es la palabra raíz de las diversas formas de la palabra salvación. El nombre de *Yeshua*, que es el nombre hebreo de Jesús, es derivado de la misma raíz que *Yasha*. De hecho, el versículo tres del Salmo 98 dice literalmente, *"¡Todos los confines de la tierra han visto la YESHUA [salvación] de nuestro Dios!"* En Jesús, Dios obra su salvación para nosotros. Jesucristo es el medio por el cual Dios pudo mostrar su fiel amor y misericordia *[Chesed]* porque es a través de Jesús que podemos ser reconciliados nuevamente a Dios. Es en Jesús que tenemos salvación—y es al seguirle dentro de las aguas del bautismo que comenzamos a representar—literalmente actuar—la historia de la salvación de haber sido hechos libres de nuestros pecados.

Libertad del Pecado

Cuando leemos la historia de Israel y todo lo que Dios hizo por su pueblo, nos damos cuenta de que su historia es también nuestra historia. Durante más de 400 años Israel había sido cautivo y esclavizado en Egipto. Su opresión fue larga y cruel, pero Dios tuvo compasión de ellos y propuso liberararlos. De la misma forma que Israel sufrió la esclavitud en Egipto, nosotros somos esclavos del pecado (Romanos 6:17). Como los Egipcios habían sido para los Israelita, el pecado es un amo cruel, este se manifiesta en la crueldad de la violencia que la gente ha sufrido, la crueldad de traiciones y heridas por los seres queridos, la crueldad de la depresión, que, como un esclavizador, nos empuja hacia las adicciones. La crueldad de la mentira, el odio, y todas las otras cosas que asfixian a la vida en lugar de permitirnos prosperar. El pecado es un amo cruel y no hay manera de que nos podamos escapar de su cautiverio por nuestra cuenta. Pero, como con Israel, Dios vio nuestras desesperadas circunstancias, y fue movido con gran compasión, Él envió a un Libertador para librarnos del castigo del pecado que tenía atada nuestras vidas.

En la noche que Dios liberó a su pueblo de la esclavitud en Egipto, les dijo a los Israelitas que escogieran a un cordero de un año de edad, que lo mataran, y pusieran su sangre arriba de la puerta de sus casas. Esto les salvaría de la plaga de la muerte que estaba a punto de ser soltada sobre Egipto. Esta es la noche que se conoce como la Pascua—cuando la muerte "pasó por encima" de sus casas a causa de la sangre del cordero. Sin esa sangre, ellos también habrían sucumbido a la pestilencia de la muerte.

La primera Pascua era una sombra—un símbolo—de la Pascua real que fue realizada en Jesucristo. Al igual que en la primera Pascua, existe hoy en día la pestilencia de muerte que está sobre todo ser humano a causa del pecado. Pero Jesús es el Cordero que Dios nos envió. En Juan 1:29, Juan el Bautista declara, *"¡He aquí el Cordero de Dios que quita el pecado del mundo!"* Jesús pagó por nuestros pecados y ganó nuestra libertad a través de su muerte en la cruz. A causa de su sangre derramada en la cruz, la sentencia de muerte que teníamos a causa de nuestros pecados, *"nos pasó por encima"* (Véase Romanos 6:23).

La salvación de Israel fue asegurada esa noche, pero la historia no ha terminado todavía. Al día siguiente, el faraón, rey de Egipto, que había perdido su primogénito durante la plaga de la muerte, estaba tan desconsolado que finalmente permitió a los esclavos Israelitas salir de Egipto. Con gran alegría y un gran éxodo, los Israelitas dejaron 430 años de esclavitud detrás de ellos y siguieron a Moisés hacia su libertad y las promesas de Dios. Unos días más tarde, se encontraron acampando en las orillas del Mar Rojo:

Cuando fue dado aviso al rey de Egipto, que el pueblo huía, el corazón del faraón y de sus siervos se volvió contra el pueblo, y dijeron: «¿Cómo hemos hecho esto? Hemos dejado ir a Israel, para que no nos sirva.»
Unció entonces su carro y tomó consigo a su ejército. Tomó seiscientos carros escogidos y todos los carros de Egipto, junto con sus capitanes. Endureció Jehová el corazón del faraón, rey de Egipto, el cual siguió a los hijos de Israel; pero los hijos de Israel habían salido con mano poderosa. Los egipcios los siguieron con toda la caballería y los carros del faraón, su gente de a caballo y todo su ejército; los alcanzaron donde estaban acampados junto al mar, cerca de Pi-hahirot, frente a Baal-zefón. (Éxodo 14: 5-9)

Las montañas bloquearon un lado, el mar creó una barrera en el otro lado y el desierto cerraba el tercer lado. Los esclavos recién liberados no tenían a donde correr del faraón y sus ejércitos que los iban persiguiendo. Fue allí donde Dios obró su milagro más maravilloso y trajo la libertad completa a su pueblo mediante la apertura de un camino en el medio del mar.

Dios hizo un camino donde no existía antes. Los Egipcios siguieron a los Israelitas a través del mar, pero mientras los Egipcios estaban en medio y los Israelitas a salvo al otro lado, Dios cerró las aguas sobre ellos. Lo que Moisés había dicho a los Israelitas se hizo realidad: *"No temáis; estad firmes, y ved la salvación que Jehová hará hoy con vosotros; porque los egipcios que hoy habéis visto, nunca más para siempre los veréis. Jehová peleará por vosotros, y vosotros estaréis tranquilos."* (Éxodo 14:13-14). ¡No hay barrera en nuestra vida que no pueda ser quebrada por el poder de Dios!

De la misma manera, cuando el poder de la sangre de Jesús nos libera del pecado de la esclavitud, se nos asegura total y completa libertad de las garras de la muerte. La muerte y la resurrección de Jesucristo aseguran nuestra salvación. Sólo en Jesús hay el poder de salvación y un *"éxodo"* de nuestros pecados. De hecho, Jesús utilizó el término *"éxodo"* para describir su propia muerte en la cruz en Lucas 9:31 (*la palabra "Salida" en el griego es "Exodon" literalmente* "*éxodo*"). Hay un maravilloso significado en la alusión de Jesús en la cruz y la historia del Éxodo. ***La muerte de Jesús es un nuevo Éxodo para todos los que creen en él.***

Sin embargo, al igual que en la primera historia del Éxodo, hoydía Satanás no quiere perder los esclavos que le fueron quitados. Incluso después de ser salvos, los pecados vienen corriendo tras de nosotros y quieren nuevamente esclavizarnos y llevarnos de regreso a la cautividad. Adicciones, recuerdos, formas de pensar, hábitos, y todas las cosas que hicimos como esclavos del pecado, nos acechan para atraparnos otra vez. Las tentaciones son enormes, y a veces pareciera que la salvación en la que nos gozamos, es ahora ineficaz frente al pasado que amenaza llevarnos de nuevo.

Cuando los Israelitas vieron al faraón y sus ejércitos que corrían detrás de ellos, comenzaron a acusarle a Dios de querer matarlos diciendo a Moisés:

¿No había sepulcros en Egipto, que nos has sacado para morir en el desierto? ¿Por qué has hecho así con nosotros, que nos has sacarnos de Egipto? ¿No es esto de lo que te hablamos en Egipto, diciendo: "Déjanos servir a los egipcios"? Porque mejor nos fuera servir a los egipcios, que morir nosotros en el desierto. (Éxodo 14: 11-12)

Tenemos la tendencia de culpar a Dios o de no creerle

cuando la oscuridad de nuestro pasado amenaza abrumarnos. ¡Pero la realidad es que Dios tiene un milagro esperándonos!

1 Corintios 10:2 dice: *"Todos ellos fueron bautizados en la nube y en el mar para unirse a Moisés," (NVI)*. La marcha a través del Mar Rojo es una de las claves para entender el poder del bautismo. Después de venir a Cristo en arrepentimiento para salvación, Dios quiere romper y eliminar todo rastro del pecado de nuestro pasado. El bautismo es un nuevo comienzo y la liberación total de las cadenas que nos tenían atados al cruel amo del pecado. El bautismo es la activación del poder liberador del Salvador en nuestras vidas aquí y ahora.

Nueva Vida

Conocí a Liz en un restaurante. Yo estaba allí solo, con mi Biblia, y ella, con su marido y amigos, y estaban en la mesa junto a mí. Yo estaba simplemente comiendo mis tres tacos de asada y tres al pastor cuando ella se acercó de forma inesperada y se sentó frente a mí y me preguntó muy intensamente si yo era Cristiano. Yo estaba sorprendido y le dije que soy un pastor Cristiano. "Bien," dijo ella, "tengo un montón de preguntas."

Por la siguiente hora hablamos de su vida dolorosa y de cómo Jesús es el redentor y restaurador de nuestra vida. Después de un tiempo ella oró para pedir que Jesús fuera su Señor y Salvador, y tanto ella como su marido, se presentaron en la iglesia al día siguiente para el servicio del domingo, llenos de alegría y agradecimiento por su nuevo amor por Jesús.

Más tarde en aquella misma semana, ella y su marido se sentaron conmigo y mi esposa donde, durante tres horas, Liz nos contó la historia más terrible y desgarradora de la vida más dolorosa que he oído en todos mis años como pastor. Más de una vez fuimos conmovidos en lágrimas mientras contaba su historia de traición, asaltos demoníacos, una madre abusiva, malas decisiones, violencia, un matrimonio sin amor, relaciones familiares rotas, y una vida llena de demasiada muerte. Nos reunimos con ella y su marido en varias ocasiones durante las siguientes semanas y los guiamos en sus primeros pasos en su nueva vida en Jesús. Todo lo que puedo decir es que nunca he visto a una vida tener una transformación tan maravillosa en tan corto tiempo como la de ella. ¡Jesús se apoderó del corazón de Liz DE GRAN MANERA!

Muy poco después de recibir a Jesús, Liz me dijo que quería ser bautizada. Hablamos sobre el significado del bautismo y fijamos una fecha. Su bautismo fue de maravilla, y yo tuve el honor y el privilegio de bautisarla. La presencia de Dios la encontró en las aguas—e incluso ¡algunos de sus familiares viajaron de otros estados para ser testigos de esto! Poco tiempo despúes de haber sido bautizada, ella y su esposo e hija tuvieron que trasladarse a otra ciudad. Yo sólo había conocido a Liz por cerca de ocho semanas. Unas semanas después del bautismo ella me envió un mensaje y quiero compartir algo de lo que me conto:

¡Hola, Kyle y Teresa! ¡Sólo quería compartir lo increíble que es la vida!!! ¡Jesús no sólo me ha bendecido con una casa, sino me ha dado un hogar con una familia entera!!! Tuve una conversación con mi madre... no podía ella creer cuán equivocada estaba... ella comenzó a llorar diciendo por favor, perdóname... ¡Estoy tan feliz tengo a mi madre de a mi lado! ... Y sobre todo mi marido y yo somos los mejores amigos, estamos trabajando juntos como un equipo y poniendo a Jesús primero antes que ¡todo!... El día que fui bautizada... me sentí como el día que salí de la prisión, como si yo hubiera estado encerrada en una caja o algo así. ¡Como si escape de algo que me retenía lejos de la felicidad! Ahora me siento libre de las ataduras... Mi esposo nota una gran diferencia en mí, así como tambien mis hijos y la familia... ¡Estoy increíblemente feliz de caminar con una enorme sonrisa en mi rostro todos los días porque cada día es especial porque Dios lo permitió ser!

Dios nos está invitando a las aguas del bautismo. Ni el agua en sí misma ni el bautisterio de la iglesia son nada especial o extraordinarios. ***El agua es una representación física de la realidad espiritual de la obra de Dios en nuestras vidas***.

Hay un poder asombroso que nos libera de las ataduras y trae en sí un flujo del poder restaurador de Dios al nosotros físicamente caminar a través de las aguas del bautismo. Pero incluso después del bautismo, el poder libertador de Dios está en efecto para que sigamos viviendo en la libertad que Él provee. Dios quiere avanzar nuestras vidas y romper todos los poderes y vestigios de control que el pecado una vez tenía sobre nosotros. Incluso si hay momentos que sentimos el pasado se está acercando a nosotros, las palabras de Moisés todavía suenan verdad para nuestra vida en Jesús hoy,

"No temáis; estad firmes, y ved la salvación que Jehová hará hoy con vosotros; porque los egipcios que hoy habéis visto, nunca más para siempre los veréis. Jehová peleará por vosotros, y vosotros estaréis tranquilos."

El amo de tu pasado, junto con tus pecados serán, por siempre ahogados en el sepulcro de agua del bautismo.

III

Bautismo: El Sepulcro de Agua

Una Muerte Simbólica y Real

Los símbolos son representaciones poderosas de verdades profundas y realidades espirituales. Mi esposa y yo llevamos anillos de boda en nuestras manos como un símbolo exterior de un pacto de unión profunda. Mas algo tan simple como el árbol de Navidad es símbolico de Jesús, quien nació para ser nuestra Vida Eterna, así como el árbol es un *"Siempre Verde,"* y que Él es la Luz del mundo tal como lo decoramos con luces. Este árbol también nos recuerda que Jesús nació para morir *"en un árbol"* (Gálatas 3:13) para nuestra salvación. El símbolo de la cruz señala a Jesús y la obra que hizo en su muerte y resurrección. Como seguidores de Jesús, los símbolos sirven para unir a la humanidad a los propósitos de Dios.

Un símbolo es poderoso, pero no tiene poder en sí

mismo—es una sombra.

San Agustín, el gran teólogo cristiano de los siglos 4 y 5, escribió acerca de los sacramentos del bautismo y la comunión como *"signos visibles de una gracia invisible."*[1] Existe una sombra porque hay algo real bloqueando la luz y, por lo tanto, echa una sombra. El bautismo es la sombra de la realidad de lo que es Dios está haciendo en nosotros. Nuestra fe en Dios y nuestra salvación giran en torno a estas dos cosas: La muerte y resurrección de Jesucristo—y el bautismo es la sombra de estos dos eventos.

San Agustín también dijo, *"El agua, por lo tanto, manifesta exteriormente los sacramentos de la gracia, y el Espíritu llevando a cabo interiormente el beneficio de la gracia, ambos regeneran en un Cristo ese hombre quien fue generado en Adán."*[2] En otras palabras, hay una realidad espiritual que no será activada completamente en nuestras vidas si nosotros físicamente no respondemos en esta forma.

En el Evangelio de Lucas, Jesús se refiere a la Cruz como un **éxodo** tanto como un **bautismo**, (Lucas 9:31; 12:50). Bautismo es, en su esencia, una muerte. Es el bautismo de su muerte en la cual estamos participando cuando somos sumergidos debajo del agua. Cuando Jesús murió en la cruz, Él cargó todos los pecados de todo el mundo—¡los tuyos y los míos tambien! Para que fueramos salvados de la muerte que produce nuestro pecado, un precio debe ser pagado: *"Porque la paga del pecado es muerte, pero la dádiva* *de Dios es vida eterna en Cristo Jesús Señor nuestro"* (Romanos 6:23). Fue el precio de mi muerte—y tu muerte—que Jesús pagó en la cruz. La cruz es el testimonio del inmensamente alto precio del pecado. En las aguas bautismales, somos *"bautizados en Cristo Jesús"* y *"bautizados en su muerte"* (Romanos 6:3).

Jesús enseña en Mateo 16:25, *"Porque el que quiera salvar su vida la perderá, pero quien pierda su vida por causa de mí, la hallará."* Cada persona desea salvar su vida... ¿pero perderla? La gran dicotomía de nuestra fe es que sólo a través de la pérdida de nuestras vidas podremos encontrar la vida de nuevo en Cristo. Salvar nuestras vidas sólo ocurre a través de la muerte. En la muerte de Jesús estamos unidos a Él (Romanos 6: 5). El Apóstol Pablo también afirma en Gálatas 2:20, *"Con Cristo estoy juntamente crucificado; y ya no vivo yo, sino que Cristo vive en mí..."* Muerte al pecado debe ocurrir con el fin de que podamos tener una relación con Dios, ¡ya que es el pecado que antes que todo nos separa de Él!

Jesucristo es completamente humano y completamente Dios. El murió y resucitó como Dios y humano. Dios se unió a la humanidad cuando vino a nuestro mundo como uno de nosotros por su nacimiento. Como ser humano—parte de la raza humana—Él está unido a nuestro destino del pecado y la muerte. Sin embargo, a diferencia de ti y de mí, Él vivió sin pecado. El milagro insondable de Jesús como Dios-en-carne, y carne-en-Dios, es lo que le hizo capaz de recuperar a la humanidad del cautiverio del pecado. Siendo humano, la muerte de Jesús pagó la penalidad de muerte que la raza humana merecía por el pecado; siendo divino, su sacrificio fue satisfactorio para la totalidad de la humanidad. ***Así como Dios se unió a la humanidad en Cristo Jesús, como el ser humano perfecto, Jesús fue capaz de unir a la humanidad de regreso a Dios.***

La unión con Dios se obtiene a través de la muerte y resurrección de Jesús. Ya que su muerte bastó para pagar nuestra muerte, ahora podemos vivir con Él. En esta nueva unión con Dios, el bautismo puede ser también identificado como un tipo de boda. Cuando Dios nos creó, lo hizo para que pudiéramos estar juntos y para compartir la vida juntos. La creación puede ser entendida similar a una boda con Dios creándonos para el propósito de estar con nosotros y nosotros con Él. Sin embargo, la introducción del pecado en la humanidad actuó como un divorcio en el que el pecado rompió nuestra unión con el Creador. Pero Dios no había terminado con la raza humana. En lugar de alejarse de nosotros, Él buscó una manera de restaurar la relación rota.

Dios, a través de Israel, estableció un pueblo de pacto para sí mismo, a quien Él estaría ligado y una vez más compartir la vida con la humanidad. Sería a través de este pueblo que el resto de las naciones del mundo conocerían a Dios. Pero una vez más, la separación prevaleció debido a la persistente infidelidad e idolatría de Israel. En Jeremías 3:8, Al Dios habla con su pueblo, dirige sus comentarios a ellos como a Su esposa: *"Y vio también que yo había repudiado a la apostata de Israel y que le había dado carta de divorcio..."* El Apóstol Pablo explica en Romanos 7:1-3 que el matrimonio es para toda la vida, y sólo cuando la pareja muere es el cónyuge libre para casarse de nuevo. Aunque Dios había emitido una carta de divorcio a su pueblo infiel, Él también murió, liberándose así mismo del pacto antigüo y poder casarse con su pueblo en un nuevo pacto. Estamos unidos a Cristo en su muerte y resurrección, y estamos en *Cristo* y "*Cristo vive en [nosotros]."*

Podemos estar unidos de nuevo a Dios en esta relación de pacto. Estamos muertos a toda la suciedad del pecado de modo que podamos vivir de nuevo para Dios. La muerte de Jesús fue nuestra muerte. Un teólogo explicó nuestra muerte con Jesús diciendo: *"Tenga en cuenta que Pablo no escribió, 'fuimos sepultados **como** él,' pero si 'sepultados **con** él.' Es decir, ¡que fuimos enterrados con él en su tumba en Jerusalén! Así, también, la muerte que murió en la cruz fue nuestra muerte también. "*[3] Pablo también detalla nuestra participación en la muerte de Jesús en Romanos 6:11-14:

Así también vosotros consideraos muertos al pecado, pero vivos para Dios en Cristo Jesús Señor nuestro. No reine, pues, el pecado en vuestro cuerpo mortal, de modo que lo obedezcáis en sus concupiscencias; ni tampoco presenteis vuestros miembros al pecado como instrumentos de iniquidad, sino presentaos vuestros miembros a Dios como instrumentos de justicia. Porque el pecado no se enseñoreará de vosotros; pues no estais bajo la ley sino bajo la gracia.

Somos liberados del pecado para que **podamos** vivir una vida diferente. Ya no tenemos que vivir bajo el dominio del pecado porque: 1) Jesús pagó el precio por ello, y 2) Al nosotros haber muerto con Cristo, somos liberados de la relación obligatoria que teníamos con el amo anterior de la esclavitud. Cuando éramos esclavos al pecado, no teníamos otra opción que obedecer sus órdenes. Romanos 6:18 aclara y expone el asunto por nosotros, *"Y liberados del pecado, vinistes a ser siervos de la justicia."* Si ya no tenemos que obedecer el pecado y ahora somos *"esclavos de la justicia,"* somos **capaces** de obedecerle a Dios y **capaces** de negar el pecado porque Dios es ahora nuestro dueño y vive en nosotros.

El Camino de la Cruz

Jesucristo nos invita a vivir en el poder efectivo del bautismo todos los días.
Al igual que el bautismo es un llamado a morir a nuestros pecados, también es un llamado a un estilo de vida de morir a nosotros mismos y los deseos pecaminosos y carnales que se arrastran tan sutilmente. Jesús nos llama a nosotros para vivir de la

misma manera que Él vivió, que es seguir la vía de la cruz: *"Entonces Jesús dijo a sus discípulos, 'Si alguno quiere venir en pos de mí, niegue a sí mismo, y tome su cruz, y sígame,'"* (Mateo 16:24).

Vivir en el camino de la cruz (morir al pecado y la negación de uno mismo), en pos de Cristo como su discípulo, compartiendo con Él su muerte, y ofreciéndonos diariamente como sacrificio vivo, es extremadamente difícil. Si vivir de tal manera fuera fácil, ¡todos lo harían! Es cierto que Jesús tomó el castigo por nuestros pecados y Él los conquistó, pero la realidad es, que todavía vivimos en nuestro ser carnal, y hasta que lleguemos el Cielo, nuestra carne tratará de volver a su deseo natural por el pecado. Por esta razón, Jesús nos invita a considerarnos *"muertos al pecado"* (Romanos 6:11).

Debemos considerarnos muertos al pecado porque si vivimos en el pecado de nuevo, este producirá inevitablemente la muerte. Ya sea que muramos al pecado, o dejamos que el pecado resucite otra vez en nosotros y nos traiga muerte—de cualquier manera habrá muerte. Una forma trae la vida, y la otra trae la destrucción.

Todo pecado es muerte, pero la muerte se presenta en diferentes formas. Obviamente existe la muerte física, pero el pecado puede causar la muerte de una familia o de una relación. También puede causar la muerte de una conciencia limpia, la muerte de sueños o la muerte del potencial personal. Decisiones carnales, mal hechas y el pecado invariablemente resultaran en la muerte de algo en nuestras vidas. Sin embargo, en nuestra participación en la muerte de Jesús, nos unimos a Él y la muerte ya no tiene dominio sobre nosotros, y vivimos en la vida abundante de Jesús (véase Romanos 6:14 y 23).

Los Francos eran una tribu de personas que la historia conoce como los "Bárbaros" que ayudaron a marcar el comienzo de la caída del Imperio Romano. En el año 496 d.C., el rey de los Francos, Clodoveo, se convirtió al Cristianismo. Era la costumbre en la cultura de la época que cuando el rey se convirtía, también todos los demás lo hacían, muchas veces bajo obligación. Tales conversiones no son ni de fe ni de convicción, sino de conveniencia. Conversiones obligatorias o convenientes—en aquél tiempo u hoy en día—producen Cristianos nominales y no son nada cerca discípulos reales de Cristo.

Rey Clodoveo obligó a todos sus súbditos y guerreros a bautizarse en el Cristianismo. Sin embargo, cuando sus guerreros se sumergieron en el agua, mantuvieron la mano derecha hacia arriba y fuera del agua. Se negaron a bautizar a esta parte de su cuerpo de modo que pudieran, en "buena conciencia" seguir guerreando y matando. Los Francos ejemplifican un pueblo que fueron bautizados por conveniencia (aunque sin duda algunos en fe verdadera), pero no estaban entregados a seguir el camino de la cruz. Nosotros no podemos vivir como queramos y todavía andar en la plenitud del poder y bendiciones de Dios.

Tuve el privilegio de bautizar a un amigo (que de hecho se llama Frank), y su historia es todo lo contrario de los guerreros Francos. En los varios meses desde que llegó a la iglesia, Dios había estado trabajando en su vida y transformándolo completamente. El salió de una vida de incredulidad y pecado. Él me confesó que, a pesar de haber *"creido"* en el Señor, al igual que los Francos, era indiferente al pecado y el hacer un cambio de vida. Cuando pecaba, le satisfacía simplemente ofrecer una disculpa media "sincera" delante de Dios, y luego seguía pecando. A medida que más se acerco a Dios y asistió a la iglesia regularmente, se dio cuenta que el Espíritu Santo ya no lo dejaba pecar a gusto.

Fue en ese momento que él vino a mí y me pidió que lo bautizara. Este fue su momento de entregarle todo a Jesús y no retener nada; para avanzar en una vida de completa victoria y la libertad de los efectos devastadores del pecado; para enterrar en el agua su vida pasada de pecado; rendirse totalmente a un nuevo Dueño; y para ofrecer su vida en sacrificio al Señor y caminar por el camino de la cruz.

La vida como un sacrificio vivo al Señor—viviendo en el poder del Bautismo—significa que nos entregamos completamente al Señor en cada área de nuestras vidas y nos arrepentimos de todos nuestros pecados. El vivir una vida de arrepentimiento como un sacrificio vivo al Señor va completamente en contra de nuestra manera pecaminosa y corrupta del ser. El hombre viejo, el "yo" perverso, parece volver, y las tentaciones y deseos pecaminosos son una realidad con la que contendemos. No podemos almacenar pequeñitos pecados para así ocultarlos del Señor para que luego podamos volver atrás y disfrutar de ellos más tarde. Sino vivir en el poder del bautismo significa *no* volver a las cosas de las cuales la muerte de Jesús nos ha liberado. Somos libres, y tenemos el derecho y el poder para vivir de manera distinta de cómo nuestro antigüo dueño del pecado nos obligaba vivir. Dios ha cerrado el mar sobre el Faraón y ahogado nuestros pecados y la esclavitud en las aguas, pero nosotros, también, debemos optar no volver a la esclavitud. Esa parte de nuestra vida está muerta al pecado y persuadidos a no volver a ella.

IV
El Bautismo:
Las Aguas de la Resurrección

Si la salvación fuera solamente ser perdonados de nuestros pecados y evitar una eternidad de separación de Dios, ¡eso sería suficiente! En esto podemos ver la grandeza de la generosidad de Dios hacia nosotros, sin embargo, nuestra salvación es mucho más que simplemente *"llegar al cielo"* algún día, o tener un *"seguro contra el incendio."* El propósito de la salvación de Dios es llevarnos a todos de regreso a los propósitos para los que fuimos creados y participar en la vida de Dios y trabajar junto a Él. Cuando resucitamos con Jesús simbólicamente en el bautismo, la realidad es que Jesús no sólo nos ha perdonado, ¡si no que también nos está llevando hacia la plenitud de la vida que Él siempre deseó para nosotros! ¡Qué maravillosa obra de salvación!

Una Nueva Creación

Cuando somos perdonados de nuestros pecados y comenzamos una nueva vida en Jesús, la Biblia dice que somos *"nacidos de nuevo."* Piensa en esta metáfora por un momento. El momento en que nacemos somos bebés indefensos. El simple hecho de haber nacido y tener vida ya es una cosa maravillosa en sí, ¡pero esa no es la culminación de la vida! Nuestros padres no nos dejan en el hospital cuando nacemos y dicen, "¡Bueno, ya se acabó nuestro trabajo!" El nacimiento es sólo el principio.

Al nacer no sabemos cómo hacer nada. No podemos hablar, alimentarnos, caminar ni tenemos el conocimiento de **cualquier cosa** que la vida requiere para vivir exitosamente. Ni siquiera sabemos que hay un mundo enorme en el cual tenemos que aprender a vivir.

Es lo mismo con nosotros cuando comenzamos una vida nueva espiritualmente en Jesús. Es algo maravilloso nacer de nuevo, pero nacer de nuevo en el Reino de Dios requiere una nueva manera de vivir, caminar, hablar, y de alimentarse. Todo acerca de esta nueva vida tiene que ser aprendido, todo lo cual requiere crecimiento. Hemos muerto a nuestros pecados en el bautismo, pero también somos resucitados en esta nueva vida. Nuestro nacimiento espiritual es solamente el principio.

Romanos 6:4 declara: *"Porque somos sepultados*

juntamente con él para muerte por el bautismo, a fin de como Cristo resucitó de los muertos por la gloria del Padre, así también nosotros andamos en vida nueva." Del mismo modo que la muerte de Jesús es potente y eficaz para el perdón de los pecados, la resurrección de Jesús es potente y eficaz para vivir una vida completamente nueva. En el bautismo, tanto hemos muerto y resucitado a una nueva vida con Jesucristo. Estar inmerso en el agua y resucitar de nuevo de ella simboliza esta muerte y resurrección con Jesucristo. Ya hemos visto cómo el bautismo es un simbólico de nuestra salvación, pero el simbolismo es más que ser salvados de nuestros pecados, sino que también va en aumento a la nueva vida para los que hemos sido salvados, la cual Dios está activando en nosotros a través de Jesús.

En Juan 20 se encuentra el relato de la resurrección de Jesús. El relato comienza con estas palabras: *"Ahora en el primer día de la semana..."* En la superficie, estas palabras parecieran únicamente una indicación del tiempo en la historia en la cual el autor puede avanzar su punto central de la narración dando un contexto más amplio al lector. Sin embargo, estas pocas palabras dan una profunda comprensión de la resurrección de Jesús. El Apóstol Juan nos recuerda de otro *"primer día de la semana."* La última vez que Dios hizo algo nuevo en el *"primer día de la semana"* fue durante la creación del mundo en Génesis 1.

En el relato bíblico de la creación, siete veces Dios

llamó a su propia creación *"buena."* En su bondad, Dios creó al ser humano a participar en la supervisión de esta planeta. Sin embargo, a causa de la desobediencia de Adán y su esposa, a quien se les dio la administración de la tierra, el mundo que Dios creó en el principio fue estropeado, porque Adán y su esposa fueron los que permitieron la entrada del pecado y la muerte en la creación buena que Dios había hecho. Como resultado, toda la Creación—inclusive la humanidad—está contaminada por el pecado y la muerte. Pero Dios nos había creado para participar en la plenitud de su bondad, pureza y vida.

Cuando Jesucristo murió en la cruz y fue sepultado en el sepúlcro, Él tomó en sí todo el desorden del mundo junto con la pena de muerte que tú y yo merecemos por nuestros pecados. Cuando se levantó de entre los muertos, ambos el pecado y la muerte se quedaron en ese sepúlcro. Sólo uno salió victorioso de ese sepúlcro—¡Jesucristo! Cuando Jesús salió de la tumba el *"primer día de la semana,"* el Apóstol Juan nos indica que este es el primer día de una nueva creación. Colosenses 1:18 dice, *"Y él es... el principio, el primogénito de entre los muertos, para que en todo tenga la preeminencia."* Jesús es el **primero** en resucitar de entre los muertos. Si Él es el primero, ¡entonces tú y yo lo debemos de seguir! Con Jesús vivimos de nuevo, pasando de la creación vieja a la vida redimida en la nueva creación que Dios ha comprado en Jesucristo. 2 Corintios 5:17 dice nosotros, *"Por lo tanto, si alguno está en Cristo, es una nueva creación; Las cosas viejas pasaron; he* *aquí, todas son hechas nuevas."* En nuestra unión con Jesús en su muerte y resurrección, estamos siendo levantados para comenzar una nueva vida, en un nuevo Reino y con un nuevo Rey sobre nosotros.

La salvación y la nueva vida en Cristo Jesús sucede en un solo momento y luego continúa acrecentando y expandiéndose sin fin por toda la eternidad. Dios perdona nuestros pecados e inicia una nueva vida al instante en que nos arrepentimos de nuestros pecados y ponemos nuestra fe en Jesucristo. Pero a partir de ahí, Dios continúa desarrollando y revelando el propósito de nuestra salvación durante el resto de nuestras vidas. La obra de Dios en nosotros es un proceso constante de crecimiento y desarrollo. Al entrar en esta nueva creación y este nuevo Reino, tenemos que aprender a vivir de nuevo. Las antigüas formas de pensar y de vivir en la *"vieja creación"* no tienen lugar en la *"nueva creación."* La vida de resurrección es completamente diferente a la vida pasada.

De acuerdo con el entendimiento del bautismo como la muerte y la resurrección, Efesios 5:14 cita lo que es más probablemente un himno Cristiano de la edad temprana diciendo: *"Despierta, tú que duermes, levántate de entre los muertos, y te alumbrará Cristo."* Teólogos creen que esta máxima puede haber sido utilizada durante bautismos. El contenido de Efesios 5:14 es el de salir de la oscuridad y vivir en el luz de Cristo Jesús. La oscuridad de la muerte del pecado que nos envolvía, es ahora hecha pedazos por el poder de la resurrección de Jesucristo, la cual ahora nos despierta a la luz de la presencia viva de Dios. Este poder de la resurrección que vive en nosotros nos permite caminar de manera diferente en este mundo oscuro que es infestado con pecado. ¡Podemos caminar de manera diferente porque ahora podemos ver!

Jesús nos ha dado la luz. Ya no estamos infestados por la oscuridad del mundo que nos rodea. Puesto que hemos resucitado con Cristo Jesús, su vida y luz mora en nosotros haciéndonos la luz del mundo. La resurrección de Jesús en nosotros, simbolizada en nuestro bautismo, nos permite *"caminar prudentemente, no como necios sino como sabios, aprovechando bien el tiempo, porque los días son malos"* (Efesios 5: 15-16). En Jesucristo, ahora somos capaces de vivir como una nuevas creaciónes.

Nueva Creación, Nueva Luz

Quiero profundizar más en el significado de *"Cristo te dará luz."* Esta frase es particularmente significante para la comprensión del bautismo y entrar en la completa realidad de la salvación y vida nueva. En el bautismo somos una nueva creación. Jesús murió y fue resucitado como el primogénito de entre los muertos y el punto de enfoque de la nueva creación. Encontramos aún más significado para nuestra nueva vida en Jesús a través de la historia de la creación. En el bautismo, lo seguimos en su muerte, resurrección, y la nueva creación. Como la nueva creación que ahora vivimos en la luz de Jesús, volvamos a ver la conexión del plan original que el Dios Creador hizo al principio del mundo.

Las primeras tres palabras que Dios habla en la Biblia son: *"Sea la luz"* (Génesis 1:3). En el caos y oscuridad absoluta, Dios llama a la luz a existencia primero. Es interesante que la luz sea introducida antes de la creación de los planetas o estrellas o cualquier otra cosa. La luz es mucho más profunda de lo que el diccionario dice que es *"la radiación electromagnética a la que los órganos de la vista reaccionan."* La luz es quién Dios es, y su luz es más que algo que nos da a nosotros la capacidad de ver los objetos físicos que nos rodean. La luz también es espiritual.

En estas primeras tres palabras, es como si Dios está declarando quien Él es y lo que Él desea a través de la creación de la luz: Que haya comprensión de Mí; que haya conocimiento; que haya Mi presencia; que haya sabiduría; que haya claridad. Tales cosas son el resultado de la luz espiritual. El siguiente versículo sigue revelando el carácter de Dios en esta luz: la luz es buena. Uno no puede crear algo que no sea parte de quien uno es. Si la luz es buena, entonces el Creador de la misma también es bueno.

La siguiente acción que Dios hace es separar la luz de la oscuridad, (Génesis 1: 4). Esta separación no es simplemente para darnos el día y la noche. Al hacer la división entre las dos, Dios también da a entender quién es Él es y quién no es. Hay tal cosa como la luz—la buena luz del Creador, pero también existe tal cosa como la oscuridad—y Dios distingue entre las dos. Hay bondad, y hay maldad. Hay correcto, y hay incorrecto. Hay iluminación, y hay confusión. Hay un orden creado, y hay un orden pervertido.

La Luz del Mundo

En el libro de Juan, el Apóstol se refiere a Jesús como la Palabra y la Luz a través de todo el Evangelio. Las dos son inseparables, como escribe en Juan 1:1-5 y 14:

En el principio era el Verbo, y el Verbo era con Dios, y el Verbo era Dios. Este era en el principio con Dios. Todas las cosas por él fueron hechas, y sin él nada de lo que ha sido hecho, fue hecho. En él estaba la vida, y la vida era la Luz de los hombres. La Luz en las tinieblas resplandece, y las tinieblas no prevalecieron contra Ella...Y aquel Verbo fue hecho carne, y habitó entre nosotros y vimos su gloria...

Al igual que la Palabra hablada de Dios trajo luz a la existencia en el principio y trajo orden al caos oscuro, las primeras palabras del Evangelio de Juan nos recuerdan del principio de la creación. En el caos de un mundo oscuro con pecado, la misma Palabra y Luz se encarnaron en Jesús. La Palabra y la Luz de Dios, en Jesús Cristo, están creando un nuevo comienzo para la humanidad.

Jesucristo es la misma persona que anuncia *"¡Yo soy la luz del mundo!"* (Juan 8:12). La Palabra de Dios trae vida y luz a la humanidad. En el caos y oscuridad total de un mundo sumergido en el pecado, Dios envía la Luz del Mundo, su propio Hijo, Jesucristo, para ayudarnos ver la vida como Dios siempre quería que fuera. La buena luz del buen Creador da claridad (ilumina) a las cosas, no como deseamos que sean, sino como el Creador las diseñó. A la luz de la vida de Jesús, entendemos cómo Dios diseñó nuestras vidas para que funcionaran. El teólogo C. S. Lewis hizo una observación brillante, *"Yo creo en el cristianismo así como creo que ha salido el sol: no sólo porque lo veo, sino porque por él veo todo lo demás."*

La Luz que define

Nada en nuestro universo contiene un color por sí mismo. El color de la camisa que tienes puesta en este momento no está contenido en la esencia del material. Si tu camisa parece ser de color azúl—en realidad no es azúl—no es nada. La ciencia del color nos dice que todos los colores del espectro están contenidos en la luz blanca. El color que percibimos con nuestros ojos es en realidad el color de la luz del espectro que rebota en un objeto. El color es luz. Por lo tanto, donde no hay luz, todo es oscuridad. Si algo tiene color en sí mismo, entonces la oscuridad no haría efecto.

Un experimento sencillo que ilustra este hecho es tomar algo de color verde o azúl, entrar en un cuarto oscuro y brillar una luz roja en ella. El objeto se verá negro o gris dependiendo de la tonalidad. Dado que la luz roja no contiene color verde o azúl en su espectro, no hay luz verde o azul que esté presente para rebotar en el objeto.

En un mundo oscuro, la luz de Jesús no sólo brilla— también define. En Revelación 19:12, se describe al Jesús resucitado con *"ojos de llamas de fuego."* **La luz no le define a Jesús, sino Jesús es la fuente de la luz quien da definición**. Cuando nosotros decidimos dejar que nuestro mundo sea definido por cualquier cosa que no sea la luz de Jesús, somos incapaces de ver los problemas de la vida como Dios los ve. Nuestra visión es enlodada, nublada, y confundida.

Al igual que con el experimento con la luz roja, es interesante observar cómo dos personas pueden mirar al mismo objeto, pero la luz por la cual el objeto es iluminado determina su percepción del objeto. Una persona que considera al asunto del aborto por la luz del mundo llegará a una conclusión muy diferente a la persona que considera el mismo asunto mirando con la luz de Cristo. Considere lo que el profeta Isaías nos advierte sobre consecuencias devastadoras por caminar en una luz diferente, o en la luz de nuestras propias preferencias personales en lugar de la claridad que Dios provee:

¿Quién hay entre vosotros que teme a Jehová, y oye la voz de su siervo? El que anda en

tinieblas y carece de luz, confíe en el nombre de Jehová, y apóyese en su Dios. He aquí que todos vosotros encendéis fuego, y os rodeáis de teas; andad a la luz de vuestro fuego, y de las teas que encendisteis. De mi mano os vendrá esto; en dolor seréis sepultados.(Isaías 50:10-11)

Cada persona tiene que tomar una decisión: Por cuál luz voy a elegir caminar? Siempre hay otra luz. Siempre hay una manera de tratar de manipular la luz de Dios de modo que uno ve lo que uno desea ver. Si no nos gustan todos los colores del espectro de Dios, podemos tomar los colores determinados que nos gustan y, al igual que la luz roja, definir todo por ella con total desprecio por la **totalidad** de la revelación de Dios. Por esta razón, hay sectores de la Iglesia que interpretan algunas de las leyes de Dios de acuerdo con su pensamiento cultural, no obstante la Biblia es clara sobre el tema. Algunos desean torcer la luz para que refleje lo que es más conveniente para ellos.

En el libro de Ezequiel, nos encontramos con uno de los más aterradores, crudos, pasajes de la Escritura con respecto a la luz por la que se elige para caminar:

Vinieron a mí algunos de los ancianos de Israel, y se sentaron delante de mí. Y vino a mí palabra de Jehová, diciendo: Hijo de hombre, estos hombres han puesto sus ídolos en su corazón, y han establecido el tropiezo de su

*maldad delante de su rostro. ¿Acaso he de ser
yo en modo alguno consultado por ellos?
Háblales, por tanto, y diles: Así ha dicho
Jehová el Señor: Cualquier hombre de la casa
de Israel que hubiere puesto sus ídolos en su
corazón, y establecido el tropiezo de su maldad
delante de su rostro, y viniere al profeta, yo
Jehová responderé al que viniere conforme a la
multitud de sus ídolos...(Ezequiel 14: 1-4)*

Personas crean ídolos para sí mismos. Ellos brillan a la luz de sus deseos, prejuicios, las ideas preconcebidas y ambiciones egoístas sobre todo lo que hacen. La gente hace esto con tanto habilidad que se convencen a sí mismos de que la luz de su propia voluntad es en realidad la luz de la voluntad de Dios. Donde hay necedad, la falta de arrepentimiento y voluntad propia, Dios permitirá que una persona se mantenga en la oscuridad mientras sigan creyendo que van caminando en la luz de Dios.

Un buen ejemplo de elegir caminar en la luz propia proviene del padre del piscoanalisis, Sigmund Freud, que comprendió bien el problema de la depresión humana, pero cuya solución final resultó ser un tipo de "luz" incompleta. Freud escribe que una de las fuentes de la depresión humana es que la humanidad es incapaz de alcanzar las normas morales establecidas por nosotros. Esta produce una sensación de inadecuación, culpa, vergüenza, y por lo tanto, depresión. Vale la pena destacar que las normas morales en el momento de la escritura de Freud eran muy diferentes de lo que son hoy en día. Parte de esta disminución de las normas tiene que ver con la siguiente postulación de Freud.

Lamentablemente, Freud estaba a punto de tropezar con la solución brillante que Dios había dado a la humanidad, cuando se fue en el sentido contrario. Freud tenía razón en su análisis que la humanidad no puede alcanzar las justas normas y morales de Dios. Esto es porque Dios envió a Jesucristo para cumplir con ellos y morir por nuestros pecados para que en Él podamos vivir como Dios quiere. ¡Ese es el mensaje del Evangelio! Dios ha hecho por nosotros lo que ninguno de nosotros podríamos haber hecho por nuestra cuenta.

Sin embargo, la solución de Freud no estaba en Cristo, sino más bien en cambiar las normas. En otras palabras, si no podemos vivir de acuerdo con la norma, entonces hay que redefinir las normas para nuestra conveniencia. ¿Quién define las normas de todos modos? Cuando yo puedo definir mis propias normas entonces ¡nunca estaré mal! Problema resuelto. En realidad, hay un problema creado que es más grande todavía, se trata de una redefinición de la luz. Dios es el que define las normas de la luz por la que vivimos.

Abriéndote a la Luz

Un verano, mi esposa y yo fuimos de vacaciones a su ciudad natal, Puerto Vallarta, México. Como yo estaba disfrutando de un poco del sol en la playa, mi mujer, que había ido a dar un paseo por la playa, regresó contenta con tres nuevos pares de aretes que le compró a un vendedor en la playa. Nuestro presupuesto era bastante apretado, así que le pregunté cuánto había gastado. Ella estaba muy orgullosa de sus habilidades en el regateo, y ella anunció triunfalmente, "El hombre quería vendérmelos por $7 cada uno. Le dije que era muy caro entonces me hizo una oferta: Tres conjuntos por $21!" Rodé los ojos e hice los cálculos con ella. "¡Ese tramposo!" ella gritó. ¡Nos hemos reído durante años acerca de eso!

A nadie le gusta un tramposo. A nadie le gusta un vendedor deshonesto. Probablemente todos nosotros, en un momento u otro, hemos tenido una experiencia con falta de honradez en la compra de alguna cosa. Esta es la esencia de lo que Jesús dijo en Mateo 6:22-23:

La lámpara del cuerpo es el ojo; así que, si tu ojo es bueno, todo tu cuerpo estará lleno de luz; pero si tu ojo es maligno, todo tu cuerpo estará en tinieblas. Así que, si la luz que en ti hay es tinieblas, ¿cuántas no serán las mismas tinieblas?

La frase, "si... tu ojo es bueno" no indica la capacidad para ver bien, pero tiene que ver con la propia capacidad de ser abierto y honesto. La palabra griega que significa "bueno" es "Haplous." Haplous significa "singular y sincero, desplegada y no dividida."[4] Esto nos lleva a la idea de que una persona sea abierta, honesta, y sin ninguna otra segunda intención. Es una persona que sea sincera y de todo corazón en todo lo que él o ella hacen. Efesios 6:5-6 habla de ser obediente con *"sencillez de vuestro corazón, como a Cristo; no sirviendo al ojo, como los que quieren agradar a los hombres, sino como siervos de Cristo, de corazón haciendo la voluntad de Dios."*

La insinuación de esta palabra en el contexto de Efesios 6 y Mateo 6 es que hay sinceridad, la transparencia, la honestidad, la integridad y la simplicidad de devoción al Señor y la solidaridad en nuestro carácter personal en todo lo que hacemos y en todo lo que somos. Hemos de ser gente que decimos lo que pensamos y pensar lo que decimos. Hemos de ser singular de la mente, unificados en la intención de nuestro corazón, totalmente integrado en nuestra vida física y caminar en el espíritu con Cristo.

En contraste con la palabra haplous, imagínate a un hombre que está vendiendo un pedazo de material o una prenda de vestir que sabe que tiene una mancha en la prenda. Como la va mostrando con el fin de venderla, hábilmente manipula el material a propósito para tapar la mancha. Una vez que ha convencido a su cliente y hace la venta, se lanza el cartel de "No Devoluciones" antes de que el comprador se dé cuenta de lo que tiene.[5]

Hay áreas en cada una de nuestras vidas que no

queremos que se expongan a la luz. Hay áreas de vergüenza, condenación, o hábitos que tratamos desesperadamente ocultamos para mientras convencernos a nosotros mismos de que la oscuridad de nuestros pecados secretos es compatible con la luz de Jesucristo. Cuando escondemos bolsillos de oscuridad en nuestros corazones, no estamos abiertos de todo corazón, ni singular en nuestro ser. Nos estamos comportando como el comerciante, que hábilmente manipulamos nuestro corazón y vida para que la gente vea sólo el lado bueno, piadoso y virtuoso de nosotros. Sin embargo, una vez que estamos solos, todos los pecados salen a la superficie y nos convencemos de que estamos caminando plenamente a la luz, cuando en realidad, estamos caminando solo en la luz que es más cómodo para nosotros.

Haplous—el "buen"ojo—es el desarrollo honesto de todas las áreas de la propia alma ante Dios. No hay nada oculto o hábilmente manipulado. Estamos dando de todo corazón lo que somos a Jesús, y todo sobre nosotros se expone a la luz. Del mismo modo que no hay oscuridad en Dios, no debe de haber ninguna oscuridad en nosotros, tampoco.

La luz de Jesús en nosotros da revelación, definición y sanidad. La luz de Jesús revela el estado de nuestro pecado y la oscuridad que se esconde en su interior. Luego, la luz define lo que el pecado es y lo que Dios requiere de nosotros. Con la revelación y la definición procede la sanidad. Dios no quiere humillarnos, pero Él nos llama a arrepentirnos de nuestros pecados. Este es su llamado a las aguas del bautismo. Como vamos entrando, nos encontramos inmersos en Él completamente empapados en agua; todo pecado lavado y la invitación de caminar en su luz.

Resurrección Hacia las Promesas de Dios

Tal y como la nueva vida a través de la resurrección tiene más significado en la historia de la creación, también lo tiene a través de la historia de Israel. Nosotros hemos visto un tipo de bautismo de los hijos de Israel cuando atravesaron el Mar Rojo, y este punto del bautismo fue cerrar para siempre detrás de ellos su vida pasada de la esclavitud del pecado. Sin embargo, había otro tipo de bautismo que pasaron cuando entraron en la tierra prometida. Esto no es un bautismo diferente, sino más bien una visión más completa de todo el poder y la promesa que nos libera a medida que avanzamos a las aguas.

Bajo el mando de Josué, toda la nación de Israel iba a entrar en una nueva tierra de promesa y de fecundidad, de la misma manera pasamos a la nueva vida de la nueva creación. Sin embargo, la inundación del río Jordán estaba entre ellos la promesa de Dios. Del mismo modo que Dios abrió las aguas del Mar Rojo, Él abrió las aguas del río Jordán con el fin de que su pueblo cruzara. Esta vez no era para librarse de la esclavitud, sino entrar en la nueva vida de Dios apoderarse de todas sus promesas. La liberación que Dios obró de la esclavitud en Egipto no sucedió simplemente con el fin de liberar a los Israelitas y dejarlos seguir su propio camino. Dios los **sacó** de Egipto con el fin de **meterlos** dentro de las promesas de la vida de Dios, la bendición de Dios y participación juntamente con Dios.

La historia de Dios llevar a los Israelitas dentro de sus promesas por medio del liderazgo de Josué no es ninguna coincidencia con la narrativa del batuismo de Jesucristo. Tomemos en cuenta brevemente unos pocos paralelismos entre las dos historias.

El punto de cruce del río Jordán donde los Israelitas pasaron a la tierra prometida tenía que estar en algún lugar cerca de la desembocadura del Jordán en el Mar Muerto. Lo sabemos porque los Israelitas hicieron el primer campamento en la tierra prometida en Gilgal, y la cual se encuentra a un poco más de una milla al este de Jericó.[6] Por otra parte, Jericó fue la primera batalla que los Israelitas tenían en la Tierra Prometida. Por lo tanto, el cruce debe haber sido justo por encima del Mar Muerto.

Hoy en día, el sitio más popular para los peregrinos ser bautizados en la Tierra Santa está ubicado a unas 65 millas al Norte del Mar Muerto, donde el Mar de Galilea forma el río Jordán. Permítanme asegurarles que Jesús no fue bautizado allí. Podemos saber esto por dos razones principales. 1) Juan el Bautista era parte de una comunidad religiosa que se encuentra abajo en el Mar Muerto. También fue un predicador en el desierto de Judea cerca del Mar Muerto y Jericó. 2) La gente de Jerusalén se iba a escuchar a Juan el Bautista predicar y ser bautizada por él. Jerusalén está a sólo 15 millas de Jericó, a 20 millas del Rio Jordán. Lo que quiero decir es que **Jesús fue bautizado por Juan el Bautista en el mismo lugar que Israel, dirigido por Joshua, cruzó a la tierra prometida.** Que además, los nombres hebreos de Josué (Yoshua: Y-SH-A) y Jesús (Yeshua: Y-SH-A) son, de hecho, el mismo nombre, los dos con significado "salvación."

¡Qué increíble imagen del bautismo! Cuando Joshua (Yoshua) dirigió a Israel a una nueva tierra a través de las aguas del río Jordán, allí en el mismo lugar, cerca de 1500 años más tarde, ¡Jesús (Yeshua) está pasando por las aguas para dirigir al pueblo de Dios hacia un nuevo Reino![7] Jesús vino a cumplir para el mundo entero lo que Dios comenzó entre los Israelitas.

Los símbolos de la resurrección y la entrada en las promesas de Dios que el bautismo representa, nos muestra un panorama más amplio de lo que produce nuestra identificación con la muerte y la resurrección de Jesús. En su muerte, somos liberados del pecado, y en su resurrección, que es presentada en una nueva vida con Dios y en la plenitud de sus abundantes promesas.

Nos encontramos con el relato del bautismo de Jesucristo en Mateo 3:13-17:

*Entonces Jesús vino de Galilea a Juan al Jordán, para ser bautizado por él. Mas Juan se le oponía, diciendo: Yo necesito ser bautizado por ti, ¿y tú vienes a mí? Pero Jesús le respondió: Deja ahora, porque así conviene **que cumplamos toda justicia**. Entonces le dejó. Y Jesús, después que fue bautizado, subió luego del agua; y he aquí los cielos le fueron abiertos, y vio al Espíritu de Dios que descendía como paloma, y venía sobre él. Y hubo una voz de los cielos, que decía: Este es mi Hijo amado, en quien tengo complacencia.*

Cuando Jesús fue bautizado, cuatro eventos ocurrían en ese momento que estudiaremos con más detalle. 1) Jesús cumplió la justicia; 2) Los cielos se abrieron a él; 3) El Santo Espíritu descendió sobre Él; y 4) Una voz del cielo declaró el placer de Dios con su obediencia a Él afirma como Hijo de Dios. En los siguientes capítulos vamos a ver estos cuatro eventos que van mano a mano con la nueva vida de resurrección que tenemos en Cristo. Vamos a empezar con el primer evento en este capítulo.

Cumplir con Toda Justicia

En el idioma griego, que es el idioma original en el que el Nuevo Testamento fue escrito, la palabra para "bautizar" que se utiliza es "baptidzo," y esto es una versión intensificada de la raíz de la palabra "bapto."[8] Bapto es sumergir algo, tal como una tostadita en salsa o una prenda de vestir en agua. "Baptidzo" también se utiliza para un barco que se hunde en el mar o para los marineros que se ahogan en un sepúlcro de agua en un naufragio. Esta palabra significa "pasar por debajo" y "perecer."⁹ De esta manera, también podemos entender el bautismo como nuestra vida anterior perecer completamente bajo las aguas.

Sin embargo, Jesús fue bautizado sin haber pecado, a diferencia de ti y de mí. Jesús no tenía nada de que arrepentirse, sin embargo fue bautizado en obediencia a Dios y "cumplió toda justicia." La justicia que se cumplió en su bautismo era la sumisión total de sí mismo a la voluntad de Dios. Jesús es totalmente Dios y también es totalmente humano. Jesús era como nosotros, pero sin pecado (Hebreos 4:15). Tenía su propia voluntad, pensamientos, deseos, necesidades y emociones. Cuando entró a las aguas del bautismo, Él estaba consciente de la decisión de negarse a sí mismo y seguir la voluntad de Dios. En efecto, permitió que su propia humanidad carnal se ahogara en el agua para que viviera completamente a Dios.

Podemos ver claramente varias veces en los Evangelios, los resultados de la presentación completa de Jesús a la voluntad perfecta a Dios. Cinco veces en el libro de Juan, Jesús hace la declaración que sus palabras y acciones son las que oye al Padre decir y lo que ve al Padre hacer. En Juan 5:19 Jesús dice:

1. *"Yo digo que el Hijo no puede hacer nada por sí mismo, sino lo que ve hacer al Padre."* *"No puedo yo hacer nada por mí mismo; según oigo, así juzgo; y mi juicio es justo, porque no busco mi*

voluntad, sino la voluntad del que me envió, la del Padre." (5:30)
2. *"nada hago por mí mismo, sino que según me enseñó el Padre, así hablo." (8:28)*
3. *"yo no he hablado por mi propia cuenta; el Padre que me envió, él me dio mandamiento de lo que he de decir, y de lo que he de hablar." (12:49)*
4. *"Las palabras que yo os hablo, no las hablo por mi propia cuenta, sino que el Padre que mora en mí"* (14:10).

Lo más notable en la vida perfecta de Jesús es su lucha en el Jardín de Getsemaní. A sólo unos minutos antes de la traición y horas antes de su crucifixión, pide al Padre si no hay otra manera de cumplir su voluntad, pidiendo que si *"puede este vaso pasar"* de Él. Enseguida Jesús dice, *"pero no se haga mi voluntad, sino la tuya"* (Lucas 22:42).

Esta es la vida que Dios desea para nosotros—una vida que experimenta el poder de Dios que libera del pecado, la muerte y el poder viviente de la resurrección. Es sólo en nuestra sumisión total a Dios que podamos vivir en su poder. Es una de las grandes paradojas de la vida nueva en Jesús—con el fin de ganar la vida, lo primero es perderla, y para tener autoridad, primero nos sometemos todos a Dios. La implicación es que morimos con el propósito de vivir de nuevo—vivir *su* vida! El gran teólogo C. S. Lewis explica esto con propósito de estar en su libro Mero Cristianismo:

El camino cristiano es diferente: más difícil, y más fácil. Cristo dice: "Dádmelo todo. Yo no quiero tanto de vuestro tiempo o tanto de vuestro dinero o tanto de vuestro trabajo: os quiero a vosotros. Yo no he venido a atormentar vuestro ser natural, sino a matarlo. Ninguna medida a medias me sirve. No quiero podar una rama aquí y una rama allí. Tengo que derribar el árbol entero. No quiero perforar el diente, o coronarlo, o taponarlo; quiero arrancarlo. Entregadme por entero vuestro ser natural, todos los deseos que creéis inocentes además de aquellos que creéis malos: lo quiero todo. Y a cambio os daré un nuevo yo. De hecho, me daré a Mí Mismo: mi propia voluntad se convertirá en la vuestra."[10]

La resurrección es una **promesa** para el futuro y la vida eterna con Dios, pero es también el **poder** de Dios disponible para nosotros ahora en este momento; ¡una promesa de mañana y el poder para hoy! En 1 Pedro 1:3-4, el Apóstol Pedro hace la siguiente declaración:

Bendito el Dios y Padre de nuestro Señor Jesucristo, que según su grande misericordia nos hizo renacer para una esperanza viva, por la resurrección de Jesucristo de los muertos, para una herencia incorruptible, incontaminada e inmarcesible, reservada en los cielos

Junto con la promesa de la vida, entonces, Pedro continúa hablando del poder de Dios ahora disponible para la vida:

Como todas las cosas que pertenecen a la vida y a la piedad nos han sido dadas por su divino poder, mediante el conocimiento de aquel que nos llamó por su gloria y excelencia, por medio de las cuales nos ha dado preciosas y grandísimas promesas, para que por ellas llegaseis a ser participantes de la naturaleza divina, habiendo huido de la corrupción que hay en el mundo a causa de la concupiscencia (2 Pedro 1:3-4)

La obra de Dios en nuestra vida no termina con el bautismo, ¡al contrario! ¡Su poder es entregado a nosotros! La vida y el poder de Dios están disponibles para nosotros ahora a través de la resurrección de Jesús. Cuando nos unimos a su resurrección en el bautismo, el pecado y la muerte ya no presentan ningún poder sobre nosotros, (Romanos 6:12-14).

Tenemos el privilegio de participar en este momento de todo el poder, los recursos y la vida que Dios nos ha prometido en el cielo. Pero antes de ir al cielo para estar con Él, podemos experimentar el cielo haciéndose una realidad en nuestro mundo en este momento, ¡el cielo en la tierra! De hecho, Jesús mismo nos enseñó a orar así, *"venga tu reino, hágase tu voluntad en la tierra como en el cielo."* (Mateo 6:10). 2 Corintios 1:22 afirma que Dios *"el cual también nos ha sellado y nos ha dado, como garantía, el Espíritu en nuestros corazones."* Esta es la garantía de toda la vida y que promete venir Él tiene reservado para nosotros. El propósito de nuestra identificación con la vida de Jesús es que vivamos el poder de Dios y las promesas del mañana en nuestro diario vivir.

V

El Bautismo es

Preparación, Purificación y Participación

Al entrar en las aguas del bautismo, Dios hace una obra profunda en nosotros. En nuestra salvación, Dios trabaja más en el perdón de los pecados, Él generosamente nos invita a vivir en todos los beneficios de esta salvación. En Juan 10:10, Jesús declara que ha venido a darnos "*vida y vida en abundancia.*" En Jesucristo, Dios nos está invitando a más de un estado de reconciliación; El nos invita a vivir el propósito completo para el cual hemos sido salvados. Él nos invita a **_prepararnos_** para verlo; Él nos invita a una vida de **_pureza_** de los efectos del pecado que ha dejado en nuestras vidas; y Él nos invita a **_participar_** en la vida abundante que Él siempre nos ha destinado a vivir.

Filipenses 3:12 da una comprensión profunda de nuestra salvación al decir, *"No que lo haya alcanzado ya, ni que ya sea perfecto; sino que prosigo, por ver si logro asir aquello para lo cual fui también asido por Cristo Jesús."* En otras palabras, es el reconocimiento de la imperfección de nuestra posición humana actual, el trabajo contínuo de Dios para la sanidad del quebrantamiento que el pecado ha dejado en nosotros, así como el reconocimiento de que hay un propósito más grande para el cual Dios nos ha salvado y tenemos que activamente correr en pos de este propósito.

Preparación

El segundo evento en el bautismo de Jesús, después de "cumplir con toda justicia," los cielos fueron abiertos para Él (Mateo 3:16). No sabemos exactamente que pasó en ese momento, pero es probable que todos tengan en mente una imagen grandiosa de todas las nubes en el cielo partiendo a ambos lados de los cielos, un rayo de sol singular brillando sobre Jesús, y un coro de música celestial llenando a todo aquel que estuvo presente en este bautismo. Ni tú ni yo estábamos allí, tal vez fue así, ¡pero lo dudo!

Ya hemos discutido el hecho de que el bautismo es un símbolo de una nueva creación, sin embargo, hay una relación sorprendente entre la caída de la humanidad en el pecado y la recuperación de los propósitos de la humanidad en la vida de Dios por el bautismo, y todo esto tiene que ver con los cielos "abiertos."

La primera creación fue estropeada por el pecado de un hombre y una mujer, quienes en su rebelión contra la instrucción de Dios, tomaron para sí mismos lo que no les pertenecía a ellos. Tal desprecio por la Palabra de Dios y su arrogancia de asumir que su entendimiento limitado abarcó más que el del Dios Todopoderoso, en cierto sentido, logró lo que Adán y Eva estaban buscando. Ellos deseaban—codiciaban—el conocimiento más allá del suyo. Al comer el fruto prohibido, "***Entonces fueron abiertos los ojos de ambos***, *y conocieron que estaban desnudos; entonces cosieron hojas de higuera, y se hicieron delantales.*"(Génesis 3: 7).

La rebelión contra Dios de repente abrió los ojos a la vergüenza y a las consecuencias del pecado. La desobediencia da revelación a una forma de vida que al final, lleva a la destrucción. Tú has visto esto antes, ya sea en tu propia vida, o en la vida de alguien que conozcas: Los momentos de indulgencia en el pecado que dan lugar a los hábitos más destructivos en la vida de una persona. Por ejemplo, las drogas ligeras que dan revelación, o producen el deseo, por las drogas más duras que terminan devastando el cuerpo y alma humana. Los pecados pequeños tienden a engendrar pecados más grandes. En el caso de la primera pareja en el Huerto de Edén, en un momento de rebelión se les abrieron los ojos al terrible costo del pecado, el cual esclavizó a toda la humanidad.

En contraste con la caída de la primera creación, Jesús vino a inaugurar una nueva creación en la que Él nos ofrece la oportunidad de participar. Al salir de las aguas bautismales, Jesús "cumpliendo toda justicia," estaba haciendo lo contrario de Adán y Eva. Él no se rebeló contra Dios, se sometía totalmente a Él. Como los ojos de la primera pareja se les abrieron al pecado **por desobediencia**, y los ojos de Jesús se le abrieron al reino celestial **por medio de la obediencia**. Como Adán y Eva fueron degradados de una dimensión de la autoridad a la esclavitud **a través de la rebelión**, Jesús había entrado en una nueva dimensión de la entendimiento espiritual y conocimiento **a través de la sumisión**.

La presentación de Jesús a Dios en el bautismo abrió nuevas dimensiones de vida para Él. Cuando la Biblia dice que los cielos le fueron abiertos a Jesús, Él tenía una nueva claridad de la realidad espiritual—una nueva habilidad de ver una mayor revelación de Dios. Su bautismo fue la preparación para una nueva vida de intimidad con el Padre, mientras que la vida de Adán fue completamente separada de Dios.

Tal vez tú estás pensando que esto es imposible porque Jesús era el Hijo de Dios y no había manera de que Jesús hubiera necesitado tal mejora. Es cierto que Jesús es el Hijo de Dios. Sin embargo, tenemos que recordar que Jesús se convirtió en un hombre—en un ser humano igual que tú y yo. En mis años como pastor y profesor de la Universidad Bíblica, he encontrado que muchos creyentes tienen una dificultad para entender el hecho de que Jesús era en realidad plenamente humano y que vivió como nosotros.

Es mucho más fácil de entender a Jesús como el Hijo divino de Dios hecho de carne, sin tomar el tiempo para apreciar el hecho de que <u>Jesús en realidad era de carne</u>. Lucas 2:52 nos da una idea de la humanidad de Jesús y su desarrollo en el entendimiento de quién era y lo que Dios estaba haciendo por medio de Él: *"Y Jesús crecía en sabiduría y en estatura, y en gracia para con Dios y los hombres."* En otras palabras, el Hijo de Dios era también el Hijo del hombre que vivió como nosotros. Las primeras palabras de Jesús cuando era bebé no fueron, "¡Madre, yo soy el Hijo de Dios!" Jesús mismo creció mentalmente, físicamente, espiritualmente y socialmente. En sus años de crecimiento, llegó a entender quien Él era.

Pablo declara lo siguiente acerca de Jesús en Filipenses 2:6-7, *"el cual, siendo en forma de Dios, no estimó el ser igual a Dios como cosa a que aferrarse, sino que se despojó a sí mismo, tomando forma de siervo, hecho semejante a los hombres."* En otras palabras, Él vivió igual que nosotros. Él no usó su divinidad con el fin de conquistar la vida en la carne—Él conquistó la vida en la carne por medio de su sumisión y obediencia a Dios. Jesús, como totalmente hombre, necesitaba de la ayuda de Dios como nosotros igualmente lo necesitamos. Jesús, también, necesitaba "ver a Dios" con nueva revelación y poder para poder completar su obra aquí en la tierra.

En Mateo 5:8, Jesús enseña: *"Bienaventurados los de limpio corazón, porque ellos verán a Dios."* Mas Salmo 24:3-4 afirma," *¿Quién subirá al monte de Jehová? ¿Y quién estará en su lugar santo? El limpio de manos y puro de corazón; el que no ha elevado su alma a cosas vanas, ni jurado con engaño."* Existe una relación entre la pureza de nuestros corazones delante de Dios y la capacidad de ver a Dios en una nueva dimensión, de entenderlo, de profundizar nuestras vidas en Él, y de tener más revelación de su ser. En otras palabras, nuestro compromiso para caminar en justicia delante de Dios y *"que os abstengáis de los deseos carnales que batallan contra el alma,"* (1 Pedro 2:11), permite una relación más profunda y una intimidad más cercana con Dios. Salmo 25:14 nos instruye, *"El Señor es amigo de los que le temen; a ellos les enseña su pacto"* (NTV).

La íntima revelación de Dios y la amistad más profunda con Él es un privilegio reservado para los que le temen, lo honran, y que tienen "las manos limpias y corazón puro." En un sentido, cuando nos acercamos a Cristo Jesús para la salvación, todos nosotros somos sus amigos. Aun así, ni tú ni yo compartiríamos los detalles más íntimos de nuestras vidas con cualquier amigo, pero sólo con aquellos dignos de tal confianza. Dios reserva tal amistad íntima para aquellos en que Él puede confiar. Esto es lo que ocurrió en el bautismo de Jesús. En su humanidad, Él tuvo una comunión más profunda con el Padre, debido que se presentó a sí mismo en el bautismo. Puede sonar raro que Jesús, el Hijo de Dios, necesitara una revelación más profunda en el ámbito espiritual, pero debemos recordar que era completamente humano y experimentaba la vida como lo hacemos nosotros. En el bautismo, Dios hace lo mismo por nosotros. Un simple paso de obediencia a Dios Padre demuestra nuestro deseo de amistad más profunda con Él.

Dios también quiere tener una relación más profunda y más abierta con cada uno de nosotros. El bautismo es la preparación para verlo a Él. Si ya hemos sido bautizados, debemos ser diligentes en cultivar una relación dinámica con Él, ¡porque Él tiene más que revelarnos! No es que trabajamos por su amor, más bien nos convertimos en amigos más íntimos con Él, ya que continuamente vivimos una vida que le agrada. Mientras más nos parecemos a Él, más Él nos confiará una revelación íntima de sí mismo. De esta manera, vamos a empezar a "ver a Dios" moverse en nuestra vida personal, así como en nuestras iglesias. *"Bienaventurados los de limpio corazón;"* ¡verán a Dios moverse y revelarse a sí mismo como nunca antes!

La Purificación

Si un corazón puro nos prepara para ver a Dios de una manera nueva, necesitamos que Dios nos purifique para que le **podamos** ver. A través de nuestra salvación, Jesús nos limpió, así estamos perdonados de nuestros pecados por medio de la cruz y su sangre. Pero incluso más allá del perdón, Dios nos quiere lavar de la inmundicia del pecado que tiene marcado nuestras vidas. Puedes ser perdonado pero seguir viviendo con los efectos residuales del pecado. Cuando Jesús dijo que Él tenía que "cumplir toda justicia," Estaba tomando cosas que eran injustas e incorrectas, y haciéndolas correctas en nuestra vidas. En los lugares donde el quebrantamiento del pecado ha deformado y dañado nuestra manera de pensar y actuar, y en los que no encajan con la revelada manera de vivir de Dios, Dios está trabajando para purificar y renovarnos en su justicia pura.

Al igual que en la primera Pascua cuando los Israelitas pusieron la sangre del cordero sobre la puerta, Jesús puso su sangre sobre nosotros y nos salvó de la esclavitud del pecado y la muerte. Ahora que somos salvos, su sangre necesita ser aplicado al interior de la casa. ¡Necesitamos que Él venga y lave todo lo que está sucio **dentro** de nuestra casa!

Cada casa tiene montones de ropa sucia que necesitan ser lavados—en mi casa somos seis personas ¡y parece que la canasta de ropa sucia se vuelva a llenar cada día! Del mismo modo todos tenemos nuestra propia ropa sucia de comportamientos, hábitos y mentalidades defectuosas en nuestras vidas que no deberían estar allí. Estos son los efectos del pecado como la pornografía, el alcohol y drogas, el comer en exceso, la mentira, la manipulación, ambiciones egoístas, falta de perdón, el odio, y otras cosas con las que podemos batallar. Jesús no solo vino a salvarnos de nuestro pecado y quebrantamiento, Él también vino a lavarnos de ellos.

Hay cuatro palabras en la lengua griega que se refieren al lavado del cuerpo por el bien de la pureza: *nipto, louo, katharos, y baptidzo*. Estas palabras se convirtieron en sinónimo de purificación ritual de la preparación del cuerpo para los propósitos religiosos.[11] 1 Juan 1:9 dice: "*Si confesamos nuestros pecados a Dios, él es fiel y justo para perdonar nuestros pecados, y limpiarnos [katharidzo; katharos] de toda maldad.*"

En el hebreo, la palabra que significa "lavado," *kabas*, significa simplemente "lavar" como lo entendemos, pero es diferente que lavar el cuerpo. Denota el lavado de ropa debajo del agua; el trabajo de purificar.[12] La eliminación de nuestro pecado es en la cruz, pero en el bautismo es una purificación, el proceso de restregar y renovar de los efectos presentes de que el pecado ha marcado en nuestras vidas. Estos son las consecuencias persistentes de las antiguas formas de pensar y las costumbres que tienen transferidas de la vida pasada que tratan de arrastrarnos lejos de la nueva vida que tenemos en Cristo.

El Señor nos dice en Isaías 1:18, "*Venid luego, dice Jehová, y estemos a cuenta: si vuestros pecados fueren como la grana, como la nieve serán emblanquecidos; si fueren rojos como el carmesí, vendrán a ser como blanca lana.*" Del mismo modo, en su Salmo de arrepentimiento, el rey David pide a Dios que lo **perdone**, así también le pide a Dios que lo **lave**. *"Lávame [kabas] de la culpa hasta que quede limpio y purifícame de mis pecados,"* (Salmo 51:2). La sangre de Jesucristo es suficiente para nuestro perdón de los pecados, la redención de la esclavitud, y la entrada a la familia de Dios. Aunque Israel fue sacado de Egipto, ¡Dios todavía tenía mucho trabajo por hacer para sacar Egipto de ellos! Cuando llegamos a Cristo y somos liberados del poder del pecado, Dios entonces va a trabajar para extirpar todos los rastros de pecados que quedaron en nosotros.

Con el fin de confirmar su pacto con su gente, Dios llevó a Israel al Monte Sinaí. Este momento fue marcado de forma indeleble en el llamado y la mentalidad de Israel. Ese fue el momento en que Dios descendió sobre la montaña, se reveló, estableció su pacto, y entregó a Israel sus leyes por el cual debían de vivir. Pero antes de la revelación, mira lo que Dios les instruyó que hiciera en Éxodo 19:10-11, *"Y Jehová dijo a Moisés: Ve al pueblo, y santifícalos hoy y mañana; y laven [kabas] sus vestidos, y estén preparados para el día tercero, porque al tercer día Jehová descenderá a ojos de todo el pueblo sobre el monte de Sinaí."* Hubo un tiempo de **preparación** y **purificación** antes de la **revelación**.

Esto me recuerda de un momento decisivo en la vida de mi hermana. Desde que éramos niños, teníamos el hábito de mantener el cuarto desordenado. Todos los sábados, nuestra mamá nos daba una lista de tareas que hacer, y sin falta, la primera tarea fue limpiar nuestras alcobas. Mi hermana, literalmente, tomaba **todo el día** para hacer una tarea que debía tomar veinte minutos. Cuando ella tenía unos 15 o 16, algo cambió en ella y ocurrió a causa de un encuentro con Dios.

Mi hermana amaba a Dios y todavía lo ama con todo su corazón. Un día ella fue a su habitación sucia a tener un tiempo devocional personal con Dios. Al abrir su Biblia, el Espíritu Santo habló muy claro a ella: "¿Quieres que me encuentre contigo... **aquí** en este desastre?" Eso fue todo lo que le dijo, pero el mensaje fue inequívoco: Dios quiere que cada área de nuestras vidas esté limpia y en orden, porque Él es limpio y ordenado. (*De hecho, este ha sido el lema de mi esposa acerca de nuestra casa desde que nos casamos, "¡todo limpio y en orden!"*).

Tan pronto como mi hermana oyó estas palabras, ella inmediatamente comenzó a limpiar su habitación para que fuera un lugar aceptable para ella encontrarse con el Señor. ¡Te puedes imaginar el asombro de nuestra madre cuando entró a su habitación y vio que estaba limpia!

Esto no quiere decir que tenemos que hacer todo bien y tener todo limpio en nuestra vida para que Dios venga y esté con nosotros. Venimos a Jesús y Él lo hace por nosotros. Estas no son unas **reglas** a seguir por el legalismo ciego, como si simplemente debiéramos limpiar la casa y todo estará bien en la vida. Siguiendo las reglas exteriores no produce un cambio interior. Sin embargo, la limpieza de la presentación de nosotros mismos a Dios es un **resultado** exterior de la purificación interior que Dios ha obrado en nosotros.

El antigüo filósofo judío, Philo, escribió de ciertas personas religiosas diciendo: *"Eliminan la suciedad de los cuerpos por medio de baños y purificaciones, pero ni desean ni tratan de lavar las pasiones de sus almas por las que la vida se ensucia."*[13] De la misma manera, Jesús reprendió a algunos Fariseos por la obsesión al ritual de lavarse las manos cuando, en el lado espiritual, nunca tuvieron el cuidado de asegurarse de que sus corazones estaban limpios. Él dijo a ellos, *"Nada hay fuera del hombre que entre en él, que le pueda contaminar; pero lo que sale de él, eso es lo que contamina al hombre,"* (Marcos 7:15).

Ya no podemos vivir en las cosas de nuestra vida anterior, ni permitir su contaminación cuando hemos sido perdonados. Debemos ser perdonados y por lo tanto limpios. Jesús quiere lavar de este tipo de cosas para que seamos completamente suyos. Pablo enseña en Colosenses 2:11-12 acerca de los efectos de limpieza por el bautismo:

En él también fuisteis circuncidados con circuncisión no hecha a mano, al echar de vosotros el cuerpo pecaminoso carnal, en la circuncisión de Cristo; sepultados con él en el bautismo, en el cual fuisteis también resucitados con él, mediante la fe en el poder de Dios que le levantó de los muertos.

1 Pedro 3:20-21 dice también:

los que en otro tiempo desobedecieron, cuando una vez esperaba la paciencia de Dios en los días de Noé, mientras se preparaba el arca, en la cual pocas personas, es decir, ocho, fueron salvadas por agua. El bautismo que corresponde a esto ahora nos salva (no quitando las inmundicias de la carne, sino como la aspiración de una buena conciencia hacia Dios) por la resurrección de Jesucristo.

No hay condenación para los que están en Cristo, pero Dios espera que su gente viva de acuerdo a sus formas. El bautismo es el lugar donde Jesús nos purifica para que podamos "ver a Dios."

La obra simbólica del bautismo es un proceso de limpieza durante toda la vida. Aunque hemos sido limpiados del pecado, hay momentos en los que seguimos combatiendo las tentaciones y el quebrantamiento de nuestras formas anteriores de pensar y de ser. Aunque fuimos hechos santos por Jesucristo y de forma instantánea nos salvó de nuestros pecados, Dios trabaja en nosotros contínuamente para liberarnos de los efectos anteriores del pecado.

Salud, sanidad, liberación, integridad, pureza y libertad del pecado son procesos contínuos de la obra del Espíritu Santo que trabaja en nosotros. También requiere un contínuo esfuerzo de nuestra parte. El hecho de que vivimos en la carne, o sea, en lo físico en este mundo lleno de pecado, quiere decir que todavía vamos a seguir la lucha contra los impulsos de la carne. Aún así, podemos ver el poder espiritual de lo que pasó en nuestra salvación y en el bautismo conjuntamente. Hemos muerto al pecado para que podamos vivir para Cristo. Gálatas 5:16 nos anima en la forma de caminar en una vida de libertad: *"Digo, pues: Andad en el Espíritu, y no satisfagáis los deseos de la carne."*

Si se te quebraras la pierna y fueras al médico para que te pusieran un yeso, no saldrías saltando y corriendo de inmediato. Hay un proceso de sanación que tiene que ocurrir antes de que se cure por completo. Es lo mismo con los creyentes. Llegamos a la cruz y somos salvados por la sangre de Jesús, y somos lavados simbólicamente en las aguas del bautismo. Dios toma nuestras vidas por un proceso largo de curación total. Y hay algo de esta vida restaurada no alcanzaremos hasta que nos sometemos en obediencia al Señor en las aguas del bautismo. Como se ha dicho anteriormente en este libro, "Cuando estamos sumergidos en las aguas del bautismo y nos da la bienvenida a esta nueva forma, sobrenatural de vida, que es una esencia, la puerta de entrada en el proceso de aprender a vivir como discípulo de Jesucristo".

En el principio, fuimos hechos a imagen y semejanza de Dios, sin embargo nuestra relación con Él y su vida que fluye en nosotros, es como un cordón umbilical uniendo una madre al bebé en su vientre. Éste se rompió debido al pecado, y que morimos espiritualmente. En la muerte y resurreccion de Jesucristo, nuestra relación con Dios es restaurada. Aunque perdonado, todavía tenemos áreas de quebrantamiento en nosotros que el proceso de la obra del Espíritu Santo continúa restaurando. Este proceso dura toda la vida al "*ocuparnos de nuestra salvación*" (Filipenses 2:12) por medio de la fuerza y el cuidado del Espíritu Santo que sigue su trabajo en nosotros de corrección y guianza que restaura nuestras vidas.

Un Río de Humildad

Para que no pensemos que esta obra de purificación es imposible y que la vida completamente libre de pecado sea inalcanzable, te aseguro que es totalmente inalcanzable...para nosotros. Es Dios quien puede hacer este trabajo en nosotros y **por nosotros**. Todos nosotros podemos relacionarnos con la historia de Naamán, un general sirio que padecía de lepra. Cuando oyó que había un profeta en Israel que sanaba a la gente, lo buscó. Eliseo, el profeta, lo mandó bañarse siete veces en el río Jordán para ser limpiado. El general soberbio, sin embargo, tenía otras ideas al escuchar la orden:

Y Naamán se fue enojado, diciendo: He aquí yo

decía para mí: Saldrá él luego, y estando en pie invocará el nombre de Jehová su Dios, y alzará su mano y tocará el lugar, y sanará la lepra. Abana y Farfar, ríos de Damasco, ¿no son mejores que todas las aguas de Israel? Si me lavare en ellos, ¿no seré también limpio? Y se volvió, y se fue enojado. (2 Reyes 5:11-12)

Uno puede sentir la ira de Naamán de este mandato tan humillante. Él era un hombre de poder, de dignidad y de honor. ¿Quién era él para tomar mandatos, y mucho menos que las órdenes que degradarían a un hombre de su importancia? El profeta ni siquiera salió a reunirse con él y obrar su "magia," como Naamán suponía que lo haría. Ahora él—¡él mismo de todas las personas en el mundo!—debe someterse a las órdenes de un hombre que le da homenaje y luego debe sumergirse en un río humilde, feo y lodoso. La queja de Naamán es como la nuestra: "¡tengo demasiado orgullo para eso!"

Más que cualquier otra cosa, el orgullo y la arrogancia nos impiden la plena curación y liberación que la salvación nos da. Naamán se negó a someterse a la humildad de las aguas del Río Jordán, insistiendo que hubo medios mucho más dignos de sanidad para un gran hombre. El orgullo nos dice que podemos hacer que suceda la vida de Dios por nosotros mismos. El orgullo nos dice que somos más maduros espiritualmente de lo que realmente somos. El orgullo nos mantiene atado al pecado y a la enfermedad porque el orgullo no nos permite admitir que no somos tan fuertes como pensábamos. El orgullo esconde el pecado; no lo saca a la luz para Dios pueda tratar con ello. La realidad es que, mientras Namaan rehusaba humillarse y obedecer a la Palabra de Dios por el profeta, permanecía su enfermedad.

Hubo un tiempo en mi vida en que estaba atado a un cierto pecado. Yo sabía que yo estaba equivocado, e hice mi mejor esfuerzo para dar lo todo a Jesús. Con toda sinceridad, se puede decir que no había ninguna parte de mi hombre espiritual que deseaba este pecado, pero mí hombre carnal, sí. Sin embargo, la raíz de este pecado fue mi propio orgullo. Orgullo que permitió abrir una puerta en mi alma a través del cual el diablo podía entrar y mantenerme atado. Yo pensaba, "Está bien; soy lo suficientemente maduro como para manejar un poco de este pecado." ¡Qué orgulloso! ¡Qué auto-engaño! También pensaba, "Dios me perdonará...no iré al infierno por esto."

¡Escúchame! La pregunta no es la capacidad de Dios para perdonar, que Él siempre perdona a los que vienen con en el verdadero arrepentimiento. Lo que a Dios le molesta es que cuando hacemos lugar para el pecado, nos estamos destruyendo a nosotros mismos. ¡Estamos deshaciendo el mismo proceso para el cuál nos salvó! El perdón no es la cuestión, la ruina de nuestras almas la es. Cuando el pecado se introduce en nuestras vidas, hay perdón, pero también hay consecuencias que traen quebrantamiento, dolor y cautiverio.

La realidad es que no podemos purificar y "arreglar" a través de nuestras bonitas ideas, buenas obras, y ciertamente no a través de nuestra orgullosa autosuficiencia. Todos los otros lugares y métodos para nuestra purificación que Dios no nos ha indicado, los métodos del mundo, libros de autoayuda, y las ideas de inspiración e incluso nuestro propio sentido de autosuficiencia—se ven y suenan maravillosos, pero carecen de poder. Al igual que Naamán prefirió bañarse en los ríos en Siria, nuestros propios deseos y métodos no pueden dar resultado a nuestra sanidad, liberación, o a la limpieza. El bautismo funciona porque es el lugar en que Dios nos ha indicado que fuéramos por nuestra liberación. Es el lugar de humildad, de obediencia, de sumisión, de limpieza, de liberación y de sanación.

¿Dónde están los lugares en tu vida que aún no has sometido a Dios, incluso si has sido salvado por muchos años? ¿Cuáles son las áreas en las que mantienes las puertas abiertas a la esclavitud espiritual, la enfermedad física o las consecuencias del pecado que siguen estropeando tu vida? Si nunca has sido bautizado, entrégate a las aguas en humildad y se libre. Si has sido bautizado, entonces yo quiero animarte a buscar a un pastor o un amigo de confianza, con madurez espiritual para confesar el pecado y la esclavitud. Santiago 5:16 nos dice que el camino hacia la sanidad: "*Confesaos vuestras ofensas unos a otros, y orad unos por otros, para que seáis sanados...*" El bautismo es un paso de humildad y de obediencia, ¿¡pero puedes pensar en un paso que requiere **más** humildad y obediencia que el confesar los pecados en voz alta!? La confesión conduce a la liberación y sanidad.

Participación

Al igual que existe un vínculo entre la pureza del corazón y la revelación de Dios, hay también existe un vínculo entre la purificación que Jesús da y nuestra participación en su vida y trabajo. Uno de las más potentes metáforas en las Escrituras para el bautismo es en el Tabernáculo que Dios instruyó a Moisés para construir. Antes de que un sacerdote pudiera entrar en el mismo Tabernáculo y ministrar al Señor, se requería que el sacerdote pasara por tres estaciones en el patio del templo antes de que fuera aceptable para servir al Señor. Nos ocuparemos de la tercera área más adelante.

La primera estación era el Altar de Bronce donde estaban los sacrificios ofrecidos por los pecados. Estos representan el máximo sacrificio que Jesús hizo por nuestros pecados en la cruz. La segunda estación era un recipiente grande de bronce que usaban para lavarse, en el cual los sacerdotes tenían que bañarse. ¡**Después** de hacer el sacrificio por el pecado, los sacerdotes tenían que lavarse y purificarse de sus pecados para poder ministrar al Señor! Junto a la fuente, los sacerdotes tenían que vestirse de ropa especial que usaban específicamente para servir al Señor. Esta ropa se utilizaba sólo para ese propósito. ¡Ellos fueron perdonados, purificados, y sus ropas fueron cambiadas—cada aspecto de ellos había sido limpiado para servir al Señor! Me sorprende que tan potente imagen del bautismo fue dada por el Señor en el simbolismo del primer Tabernáculo. El plan de Dios para la salvación y sus principios para vivir correctamente en su reino no han cambiado desde el Antigüo Testamento hasta el Nuevo Testamento.

Del mismo modo, sólo unas horas antes de su crucifixión, Jesús compartió la última cena con sus discípulos—los hombres que pronto llevarían adelante la obra del Señor en el mundo. Durante esta comida, Jesús tomó una toalla y un recipiente con agua y lavó los pies de sus discípulos. Pedro protestó diciendo: "¡*No me lavarás los pies jamás!*" Jesús simplemente respondió diciendo: "*Si no te lavare, no tendrás parte conmigo.*" Para ser parte del plan completo de Dios, debemos permitir que Él nos lave y nos prepare. Este lavado es en el bautismo. El bautismo es una puerta que le permite a Jesús limpiarnos completamente y así admitirnos en la plena participación de su vida y obra.

VI

El Bautismo Simboliza la Entrada en la Familia de Dios

El hecho de que Dios se hizo un ser humano es algo que nuestras mentes no están plenamente capaces de comprender. En su libro, *Encarnación*, Tom Baker elocuentemente dice que el alfarero se arrojó sobre la rueda como la arcilla, el compositor se convirtió en una nota en el pentagrama de su música, el pintor se convirtió en la pintura en su propio lienzo. Dios se hizo humano. Qué humillante para Dios y qué ennoblecedor para el hombre.[14] ¿Por qué Dios haría una cosa así? Ya hemos hablado de la razón principal—para salvarnos de la esclavitud del pecado y la muerte. Pero una vez que nos liberamos de la esclavitud, un nuevo mundo de posibilidades y promesas se nos abre. C. S. Lewis lo dijo de esta manera: "El Hijo de Dios se hizo hijo de hombre para que los hijos de hombres puedan convertirse en hijos de Dios."[15] En corto, a través de su muerte y resurrección podemos entrar en nuevo Reino y ser parte de una nueva familia, lo cual lleva enormes implicaciones para nosotros.

Hemos examinado los dos primeros eventos que ocurrieron en el bautismo de Jesús, aquellos siendo el cumplimiento de toda justicia y la apertura de los cielos. El tercer evento en el bautismo de Jesús sucedió cuando la voz del cielo resonó diciendo: *"Este es mi Hijo muy amado en quien tengo complacencia,"* (Mateo 3:17). Estas palabras dirigidas a Jesús eran mucho más de lo que un padre orgulloso grita cuando su hijo mete un golazo en un partido de fútbol, "¡Ese es mijo!" Más bien, estas fueron las palabras que declararon la **posición divina** de Jesús como Dios encarnado, y su **aceptación como ser humano**, el sacrificio perfecto por el mundo. De hecho, fue Juan el Bautista, que, momentos antes del bautismo de Jesús, declaró: *"¡Miren! ¡El Cordero de Dios, que quita el pecado del mundo!"* (Juan 1:29). Esta declaración era la suma de la divinidad de Jesús y su humanidad—Dios mismo, envuelto en la humanidad, había llegado a ser el rescate de la humanidad.

Nacido de Nuevo

Jesús siendo Dios-en-carne, junto con el hecho de que Él fuera aceptado como ambos humano y divino, lleva una enorme importancia para nosotros. La humanidad de Jesús unió a la raza humana de nuevo con lo divino—solo Uno, quien era a la vez hombre y Dios, podía hacer tal cosa por nosotros. Como ya hemos visto, el bautismo, es una representación de nuestra salvación, es también el símbolo de nuestra unión con Cristo Jesús.

Jesús mismo nos enseña en Juan 3:5, *"De cierto, de cierto te digo, que el que no naciere de agua y del Espíritu, no puede entrar en el reino de Dios."* Del mismo modo que nacimos físicamente a través de nuestros padres y nacimos en una familia específica, debemos nacer del *"agua y del espíritu"* para entrar en un nuevo Reino y una nueva familia. En Jesucristo, recibimos mucho más que el perdón del pecado y la vida eterna, ¡se nos ofrece un lugar en la familia como hijos de Dios! Gálatas 3:26-27 dice: *"pues todos sois hijos de Dios por la fe en Cristo Jesús; porque todos los que habéis sido bautizados en Cristo, de Cristo estáis revestidos."* El Apóstol Pablo continúa en Efesios 4:4-6:

[Hay] un cuerpo, y un Espíritu, como fuisteis también llamados en una misma esperanza de vuestra vocación; un Señor, una fe, un bautismo, un Dios y Padre de todos, el cual es sobre todos, y por todos, y en todos.

Durante el resto de este capítulo, vamos a examinar lo que Dios quiere hacer a través de nosotros debido a nuestra posición como parte de su familia, la cual tiene ramificaciones eternas.

Un Pacto Familiar

A lo largo de la Escritura, Dios establece siete pactos diferentes con su gente. En el Antiguo Oriente, cuando se iba a hacer un pacto, esta ceremonia era llamada literalmente *"cortar el pacto."* Esta era una ceremonia específica que se realizaba con elementos obligatorios tales como sacrificios de sangre, intercambio de armas, ropa y, a veces, niños. También se les dio regalos, bendiciones y maldiciones fueron declaradas, y participaban en una comida ceremonial que establecía el pacto. Aunque estos eran los elementos más comunes, algunas ceremonias de pacto incluían otras prácticas. Es un estudio fascinante ver cómo Dios, en Jesucristo, cumplía todos los elementos de *"cortar el pacto"* con nosotros como su pueblo.

Dios estableció su pacto de sangre con Israel en el Monte Sinaí en Éxodo 19:24. Como se ha mencionado anteriormente en este libro, el matrimonio, como el bautismo, es un símbolo de algo mucho más profundo. El pacto que Dios hizo con Israel en el Monte Sinaí también se entiende como un pacto matrimonial entre Dios y su pueblo. El matrimonio es un pacto de fidelidad, pero también es el comienzo de una nueva familia.

El pacto que Dios hizo con nosotros en Jesucristo se llama "El Nuevo Pacto." De hecho, esto es lo que el

"Antigüo Testamento" y "Nuevo Testamento" literalmente significan—el pacto viejo y el pacto nuevo. Ningún pacto se podía cumplir sin el sacrificio de sangre. El sacrificio de sangre representa la gravedad del acuerdo entre los partícipes. En el Antigüo Pacto de la Biblia, ofrecían sacrificios de animales continuamente para a adorarle a Dios. En el "cortar" del Nuevo Pacto, ¡Jesús lo estableció con el sacrificio de su propio cuerpo en la cruz con su propia sangre para sellar este pacto con nosotros! El "cortar" de este Nuevo Pacto significa que estamos unidos a Dios en un tratado obligatorio, y estamos literalmente, en su línea de "sangre" como Su familia.

El Nuevo Pacto significa muchas cosas para nosotros, uno de los cuales es un pacto de familia. Aunque un estudio detallado de todos los elementos del pacto vale la pena, quiero enfocarnos específicamente en dos de los detalles aquí: el intercambio de los niños y de la ropa. Con el fin de entrar en este pacto, un intercambio de vida es necesario. Dios, en Jesús, dio su vida por nosotros con el fin de activar este pacto. Pero nosotros tenemos que reciprocar para que el pacto sea válido. Con Jesús, hemos muerto y resucitado de nuevo. Cuando hacemos esto por medio del bautismo, estamos entrando en todo lo que es nuevo junto con Jesús— Jesús, el sacrificio, Jesús el hombre, Jesús el primero resucitado de la muerte, Jesús nuestro hermano, Jesús nuestra familia (véase Hebreos 2: 11-17). En efecto, cuando somos bautizados, Dios está diciendo: ***"Al dar a mi hijo por ti, te tomaré como mi hijo."***

De esta manera, el bautismo es este intercambio—es una forma de dar. En Lucas 6:38, Jesús dijo: *"Dad, y se os dará; medida buena, apretada, remecida y rebosando darán en vuestro regazo; porque con la misma medida con que medís, os volverán a medir."* En el bautismo, y el pacto que Dios hizo con nosotros, Él nos pide dar todo a él y, a cambio, Él dará todo de sí mismo para nosotros. Es como si Dios estuviera diciendo: **"Dame todo lo que haz sido, con todos tus fracasos, pecados y defectos, ¡y te daré toda la pureza, el perdón y el amor que Yo soy!"** Cuando damos todo nuestro ser a Dios, Él nos da de regreso "medida buena, apretada, remecida y rebosando." ¡Qué abundancia increíble cuando nos entregamos a Él! A pesar de que pueda parecer que Dios recibe el lado perdedor del pacto, Él todavía sale ganador porque nos tiene de regreso con Él, ¡ya que somos su tesoro mas valioso!

También en la ceremonia del pacto, sucede un intercambio de ropa. Los dos partícipes en el pacto intercambian ropa para fusionar sus identidades. Si alguien mirará en público a uno de los socios del pacto, uno sería confundido con el otro. El intercambio de ropa no se suponía que era una pérdida de identidad, más bien un símbolo de un inquebrantable pacto que une a los dos partidos. Debían ser tan unido por este pacto que, en esencia, "tu eres yo, y yo soy tú."

En referencia al pacto que Dios estableció con nosotros

en Jesucristo, hay también un intercambio de ropa. Jesucristo estaba vestido de gloria. El segundo miembro de la eterna Trinidad se hizo carne, y literalmente, se vistió con la piel humana. Y nosotros estábamos vestidos con cada tipo de pecado destructivo. 2 Coríntios 5:21 nos dice que *"Al que no conoció pecado, por nosotros se hizo pecado, para que nosotros fuésemos hechos justicia de Dios en él."* Jesús se vistió a sí mismo, no sólo en carne, sino con nuestros pecados también. En cambio, estamos vestidos con la justicia de Cristo Jesús. En Efesios 4:22-24, el Apóstol Pablo aclara aún más esta verdad:

...despojaos del viejo hombre, que está viciado conforme a los deseos engañosos, y renovaos en el espíritu de vuestra mente, y vestíos del nuevo hombre, creado según Dios en la justicia y santidad de la verdad.

En este intercambio, Dios también nos da ropa nueva con que vestirnos. Nuestra identidad ha sido unida a Jesús. Isaías 61:10 explica, *"En gran manera me gozaré en Jehová, mi alma se alegrará en mi Dios; porque me vistió con vestiduras de salvación, me rodeó de manto de justicia..."* ¡Cuando caminamos por la calle, queremos que la gente nos confunda con Jesús! Ellos verán que hay algo diferente en nosotros que nos distingue de los demás. El bautismo no es algo que ocurre una vez y luego se acabó. Sino estamos entrando en un pacto, en una nueva familia, con ropa nueva y una nueva manera de vivir.

La Transformación

Cuando la gente nos ve, queremos que vean a Jesús. Pero eso es más que una mezcla de identidades; por medio del bautismo, Dios quiere trabajar en una completa transformación de todo nuestro ser. Tenemos que parecernos a Jesús en todos los sentidos posibles; en la forma en que hablamos, actuamos y pensamos.

En el capítulo cuarto, se introdujo la palabra griega "baptidzo." Baptizdo significa ahogar, hunirse, o perecer. Pero hay otro aspecto de esta palabra que es "teñir la ropa." Cuando se sumerge una prenda de vestir o se hunde en el color, el material sigue siendo el mismo. Si se trata de lana o algodón, sigue siendo la lana o el algodón, pero todo el material se transforma en su apariencia, ya que está hundido en el tinte.

Del mismo modo, una transformación eterna está asociada con el bautismo. Por ejemplo, cuando el pepino se sumerge en una solución de vinagre, se convierte en un pepino curtido. Con el tiempo, la solución de vinagre penetra por completo al pepino. El sabor, la apariencia, la sensación, e incluso el uso del mismo cambió totalmente. Aunque todavía sigue siendo un pepino, ¡es un pepino transformado!

Cuando yo estaba en el cuarto grado, tenía un proyecto para la clase de historia. Yo tuve que hacer un arco y flechas. Tenía que encontrar la manera de doblar una rama de árbol para que fuera lo suficientemente flexible como para ser un arco. Lo hice al sumergirlo en agua durante unos días hasta que fuera completamente saturado. Después de algún tiempo, era muy fácil transformarla en la forma deseada. Sumergiendo la madera en agua causó su flexibilidad y por lo tanto, su transformación. La esencia de la madera siguió siendo el mismo, pero era capaz de formarse en un instrumento de uso más eficaz. En su libro <u>Mero Cristianismo</u>, C. S. Lewis asimismo se correlaciona el concepto de transformación con la salvación:

La gente a menudo piensa en la moral cristiana como una especie de trato en el que Dios dice: «Si guardáis una serie de reglas os recompensaré, y si no las guardáis haré lo contrario.» Yo no creo que ésta sea la mejor manera de considerarla. Preferiría decir que cada vez que hacéis una elección estáis transformando el núcleo central de lo que sois en algo ligeramente diferente de lo que erais antes. Y considerando vuestra vida completa, con todas sus innumerables elecciones, a lo largo de toda ella estáis transformando este núcleo central en una criatura celestial o en una criatura infernal: en una criatura que está en armonía con Dios, con las demás criaturas y con sí misma, o en una que está en un estado de guerra con Dios, con sus congéneres y con ella misma. Ser la primera clase de criatura es el cielo: es alegría, y paz, y conocimiento y poder. Ser la otra clase de criatura significa la

*locura, el horror, la imbecilidad, la rabia, la
impotencia y la soledad eterna. Cada uno de
nosotros, en cada momento, progresa hacia un
estado o hacia otro.*[16]

En el bautismo, Dios transforma todo nuestro ser. Al igual que el artículo de ropa sigue siendo el mismo material pero todo ha cambiado. En el bautismo, siendo el mismo en nuestro ser, pero todo acerca de nuestra naturaleza ha cambiado para ser como Jesús—en la realidad, nos estamos volviendo más como los verdaderos "nosotros"—las personas que Dios ha deseado que seamos desde el principio. Al igual que el pepino, nuestra esencia, sabor, y la manera en que Dios nos usa ha cambiado. Al igual con el arco y las flechas, el bautismo convierte a nuestras vidas para ser flexible en sus manos para que nos pueda formar para su máximo uso. C. S. Lewis continúa afirmando lo siguiente:

*Y ahora empezamos a ver qué es aquello sobre
lo que siempre está el Nuevo Testamento
hablando. Habla de los cristianos como
«nacidos de nuevo»; habla de ellos como
«vistiendose de Cristo»; sobre Cristo
«formándose en nosotros»; sobre nuestro
alcanzar a «tener la mente de Cristo». Sacaos
de la cabeza la idea de que éstas son sólo
maneras rebuscadas de decir que los cristianos
han de leer lo que dijo Cristo y luego intentar
llevarlo a cabo, del mismo modo que un*

hombre puede intentar leer lo que Marx o Platón dijeron y luego intentar ponerlo en práctica. Significan algo mucho más importante que eso. Significan que una auténtica Persona, Cristo, aquí y ahora, en esa misma habitación donde estáis orando, está haciéndoos cambiar. No se trata de un hombre bueno que murió hace dos mil años. Se trata de un Hombre vivo tan hombre como vosotros, y aún tan Dios como lo fue cuando creó el mundo, que realmente aparece y entra en contacto con vuestro ser más íntimo, mata el viejo yo natural en vosotros y lo sustituye por la clase de Yo que Él tiene. Al principio, sólo por momentos. Luego, durante períodos más largos. Finalmente, si todo va bien, os transforma permanentemente en alguien diferente; en un nuevo pequeño Cristo, en un ser que, a su humilde manera, tiene la misma vida que Dios, que comparte en Su poder, Su gozo. Su conocimiento y Su eternidad.[17]

Todos necesitamos cambiar nuestras vidas en las aguas bautismales, porque las antiguas formas de vida ya no son compatibles con las de Dios. Viviendo en nuestros pecados y los hábitos del pasado no corresponden con el Reino y la familia que Dios nos está dando. La vida cristiana es mucho más que una religión o un sistema de creencia: Es una relación dinámica con Jesucristo y una transformación de vida para ser como Él, y así, capacitándonos para vivir la vida que Él diseñó para nosotros y llevar a cabo la obra que Él tiene para nosotros.

Según escrito en Efesios 2:10, "*...somos hechura suya, creados en Cristo Jesús para buenas obras, las cuales Dios preparó de antemano para que anduviésemos en ellas.*" No somos salvos **por** las buenas obras, ¡pero sí somos salvos **para** hacer buenas obras! Dios tiene algo muy especial para nuestras vidas llevar a cabo, y quiere transformarnos para que podamos lograrlo.

El Objetivo de la Nueva Familia

Cada familia tiene una identidad y llamado diferente. Mi familia es muy diferente de la de mi hermano a pesar del hecho de que él y yo venimos de la misma familia. Él esta casado con una chica rubia, y puesto que él era rubio de niño, tienen cuatro hijos que son sorprendentemente rubios, que parecen cuatro dientes de león. Yo, por otra parte, me he casado con una Mexicana ¡una hermosa Tapatía de Guadalajara! Y nuestros cuatro hijos son bilingües y una hermosa mezcla de raza blanca y Mexicana. Somos dos familias cercanas, pero al mismo tiempo muy diferentes. Aun así hay otras familias que tanto mi hermano y yo conocemos que tienen todo distinto a nosotros. Sus mentalidades, intereses, hábitos, métodos de crianza de los hijos, el llamado e identidad. Todas las familias, al igual que cualquier persona, son únicas y en la familia de Dios no es diferente.

Cuando entramos en la familia de Dios por medio de la

salvación, entramos en una familia que ya está establecida con Dios como nuestro Padre. Esta nueva familia tiene una manera de vida que es muy diferente a las formas en que nuestra familias carnales viven. Sin embargo, el llamado de esta familia necesita ser realizado, y el bautismo es un paso de obediencia que nos prepara para funcionar en esta familia.

Leímos en el capítulo anterior que los sacerdotes Israelitas tenían que lavarse en la Fuente antes de ministrar al Señor en el Tabernáculo, en preparación para servirle. A medida que entramos en la familia de Dios, heredamos el llamado que nuestro Padre nos ha dado, y este llamado es que cada miembro es un sacerdote. Mira lo que Pedro dice con respecto a nuestro sacerdocio:

Pero ustedes no son así porque son un pueblo elegido. Son sacerdotes del Rey, una nación santa, posesión exclusiva de Dios. Por eso pueden mostrar a otros la bondad de Dios, pues él los ha llamado a salir de la oscuridad y entrar en su luz maravillosa. Antes no tenían identidad como pueblo, ahora son pueblo de Dios. Antes no recibieron misericordia, ahora han recibido la misericordia de Dios, (1 Pedro 2:9-10, NTV).

Si bien no es necesario recalcar, tenemos que entender la bendición de ser parte de la familia de Dios. Hay un llamado y trabajo como parte de esta familia para funcionar con autoridad como sus hijos.

Una parte de esta responsabilidad familiar es mantenernos conectados continuamente con nuestra familia de fe, ya que todos somos parte unos con otros. Porque Dios tiene un pacto con nosotros en Cristo, entonces también hay un pacto en Cristo los unos con los otros. Muchas personas sinceras que aman a Jesucristo creen que su conocimiento personal de la Palabra de Dios, su madurez espiritual, o la sabiduría propia es suficiente. Sin embargo, al mismo tiempo, parece que hay un total desconocimiento de vivir la vida como la familia de Dios. Esta es una forma errónea de pensar. Salmo 68:6 dice que Dios *"ubica a los solitarios en familias."* Cuando no somos parte unos de otros, nos privamos de lo que otros tienen que ofrecer, y privamos a otros de los buenos dones, talentos, y amor que tenemos nosotros para ofrecer. Del mismo modo que no abandonamos nuestra familia terrenal, tampoco debemos descuidar nuestra familia espiritual.

Tal y como Dios declaró de Jesús en su bautismo que Él era su Hijo y Él estaba complacido con Él, cuando entramos a la familia de Dios, al igual que con Jesús, es como si hay una declaración de Dios de nuestra posición divina como sus niños—¡casi como un acta de nacimiento! Y como Dios también confirmó la posición divina de Jesús como Su Hijo y confirmó la aceptación de la humanidad de Jesús, Dios también nos afirma como Su pueblo y confirma nuestro "cumplimiento de toda justicia" en hacer lo que es bueno, recto, y justo. Y recuerda una cosa más: ¡Dios está contento contigo!

VII

El Bautismo de Jesús

Juan 4:2 revela que Jesús mismo no bautizaba a la gente en el agua, sino sus discípulos lo hacían. Alguna vez te has preguntado ¿por qué Jesús no bautizaba? Jesús claramente pensó que era importante, si no Él mismo no hubiera sido bautizado, ni hubiera mandado a todos los creyentes a someterse al bautismo. Tenemos la respuesta de por qué Jesús no bautizó en agua en Lucas 3:16:

respondió Juan [el Bautista], diciendo a todos: Yo a la verdad os bautizo en agua, pero viene uno más poderoso que yo, de quien no soy digno de desatar la correa de su calzado; él os bautizará en **Espíritu Santo** *y* ***fuego****.*

Jesús no bautizó con agua porque Él tenía un bautismo diferente para darnos. Ya trataremos más del bautismo con el Espíritu Santo en el capítulo 8. Pero acá es necesario de enfocar el bautismo que Jesús mismo vino a traernos. Hasta este momento hemos hablado principalmente sobre el bautismo en agua, pero Jesús vino a bautizarnos en el Espíritu Santo y fuego.

El Bautismo de la Santidad

¿Te has preguntado por qué el Espíritu Santo es llamado el Espíritu "SANTO"? ¿Por qué no el Espíritu "poderoso"? ¿O el "buen" Espíritu, o algún otro adjetivo que le vaya a su poder milagroso y transformador? Al hablar sobre el bautismo con el Espíritu Santo y con fuego, sería negligente no hablar de la naturaleza santa del Espíritu Santo, o del "Espíritu de Santidad."

A menudo se malentiende lo que es la santidad. Se piensa muchas veces en términos de que Dios es inalcanzable, un enojón, y tan 'santo' que esta listo para aplastarnos en pedazos el momento que pecamos. Así que la santidad se convierte en una palabra de terror para muchas personas que se imaginan a Dios como alguien apartado de nosotros y dispuesto a condenarnos a una eternidad en el infierno.

El término "santidad" también se ha ganado una mala reputación por medio del comportamiento de algunas personas quienes, estoy seguro, son sinceras en su amor para Dios, pero que llevan un aire de superioridad, mojigatería, o hiperreligiosidad en lugar de una actitud de humildad, amor y paciencia. Por desgracia, tú y yo hemos conocido a personas como estas. Pero quiero enfatizar que la santidad no tiene nada que ver con este tipo de actitudes o acciones. ¡Tal religiosidad es orgullo, no santidad!

El acto contínuo del Espíritu Santo en nosotros que ayuda la recuperación de la imagen de Dios en nuestras vidas, es la imagen de la santidad de Dios en acción. La santidad tiene que ver con lo que es completo, sano y puro. La santidad ha sido definida por algunos como "la salud de Dios. " Nada de lo que es santo está fracturado, roto, profano, impuro, o para uso común.

Dios mismo es santo. Tanto en Isaías 6 y Apocalipsis 4 se nos da una ventana hacia el cielo y la adoración que sucede alrededor del trono de Dios. Las criaturas alrededor del trono no cesan de proclamar la esencia del carácter de Dios en sus gritos de adoración, "¡Santo, Santo, Santo!" La santidad de Dios es la fuente de la vida, la bondad y la salud que Dios creó que el mundo y nosotros fuéramos.

Al ver la sala del trono eterno de Dios y la **adoración** de su carácter de santidad, vemos en la Biblia la primera **revelación** de la santidad de Dios a través de su bondad en la creación. Mientras que Dios estaba creando el mundo, siete veces miró a su creación y declaró que era "bueno." La obra completa de Dios en la creación revela el buen medio ambiente, lleno de belleza y bondad, en la que colocó a la humanidad.[18]

Su bondad también revelada en su intención original

con la que creó a la humanidad: Dios nos creó a participar con Él en todos los aspectos de su vida, obra, y gobierno y para el disfrute de relación uno con Él. La santidad de Dios es su carácter, y esta santidad se expresa a través de sus actos de bondad hacia su creación y la humanidad.

Es la intencion de Dios, y siempre ha sido—hacerte el bien—porque **santo** es quién **Dios es** y la **bondad** es lo que **Él hace**. Él no puede hacer otra cosa que obras de bondad—incluso cuando no complendemos todo lo que Dios esta haciendo. Como ejemplo, el profeta Jeremías anunció el juicio de Dios sobre el pueblo de Israel por su persistente idolatría. Su castigo fue 70-años de destierro y exilio de la tierra de Israel en Babilonia. Sin embargo, incluso en medio de este severo castigo, Dios les habla diciendo: *"Porque yo sé los pensamientos que tengo acerca de vosotros, dice Jehová, pensamientos de paz y no de mal, para daros el fin que esperáis"* (Jeremías 29:11). Junto con el castigo, ¡Dios dice que Él tiene la intención para hacerles el bien! La severidad de Dios no es para humillar o desmoralizar a la gente, sino es con el propósito de forjar su carácter de santidad en nosotros. Dios **no puede** trabajar en el quebrantamiento en las personas porque su naturaleza y carácter son santos, y su santidad se ejemplifica a través de la integridad, la pureza y la salud. Cualquier cosa que no sea saludable en nosotros tiene que ser transformado cuando nos acercamos a su santidad.

El bautismo en la santidad de Dios es el propósito de nuestra salvación. No somos salvos con el único propósito de ir al cielo. Aquellos de nosotros quienes hemos recibido a Jesús Cristo como nuestro Señor y Salvador, y nos hemos arrepentido de nuestros pecados, iremos al cielo algún día—pero esa no es la razón expresada por la cual fuimos salvados. Fuimos salvos para recuperar todo del propósito original de Dios para nuestras vidas que se perdió debido a nuestra rebelión. Somos salvos para ser transformado de nuevo en la misma imagen de Dios en la cual fuimos creados originalmente, pero que fue destruido por el pecado en nosotros. Romanos 8:29 nos dice esto mismo: *"Porque a los que de antemano conoció, también los predestinó a ser hechos conforme a la imagen de Su Hijo..."* Somos salvos para venir de regreso a la santidad, la integridad y la salud completa—de Dios.

El Fuego Santo y La Liberación

El ministerio de Moisés es un arqueotipo del ministerio de Jesús. Moisés libró al pueblo de Israel de la esclavitud tal y como Cristo nos ha librado del pecado. Las similitudes de sus vidas y ministerios son sorprendentes, y hay algunas comparaciones entre los dos que se necesita hacer con respecto al bautismo de fuego santo como el poder libertador de Dios en nuestras vidas.

La palabra Hebrea *qodesh* es la raíz de la palabra *santo*. La primera vez que esta palabra aparece es en Génesis

2:3 donde Dios hace el séptimo y último día de creación santo. Esta santificación representó la creación perfecta, santa y en descanso.[19] Después de la caída de la humanidad en el pecado que desató el quebrantamiento—la falta de santidad—sobre la tierra, como resultado, no volvemos a ver la santidad de Dios (qodesh) en las escrituras Hebreas hasta el Éxodo 3:5 cuando Dios aparece a Moisés en la zarza ardiente. Cuando Moisés se desvía y se acerca a ver la maravilla de una zarza que se envolvió con llamas mas no fue consumida por las mismas, el Señor le habla diciendo, *"No te acerques a este lugar. Quita el calzado de tus pies, porque el lugar en que tú pisas, tierra santa es."* ***La santidad de Dios fue revelada a Moisés en medio del fuego y en el preciso momento en que Dios determinó la liberación de Su pueblo de la esclavitud en Egipto.***

La revelación de la santidad de Dios se sitúa en la narrativa de una nación que Dios estableció para cumplir su propósito especial. Esta nación fue esclavizada y vivía en todo menos de lo que Dios quería. Sin embargo, la santidad de Dios se manifestará a través de su bondad, la bondad de liberar a su pueblo de su esclavitud. La manifestación de la santidad de Dios por su bondad viene en tres diferentes signos dados a Moisés. Estos tres signos nos dan entendimiento más profunda del poder de la santa obra de Dios en nuestras vidas.

La primera señal fue la misma zarza ardiente. El fuego

de Dios fue el signo de la cercanía de su presencia. Dios se acerca a los oprimidos y su presencia tiene el poder para liberar a los cautivos. La zarza ardiente es el signo que la liberación ya llegó.

Los signos segundo y tercero fueron dados a Moisés para aquellos ancianos de Israel que no iban a creer que Dios realmente había enviado a Moisés. Estos signos fueron para ayudar a los ancianos creer, pero fueron mucho más de ser simplemente trucos mágicos, sino fueron para un símbolo de lo que Dios intentaba hacer con el pueblo que Él estaba a punto de salvar. Para la segunda señal, Dios ordenó a Moisés que arrojara su vara al suelo para que se convertiera en una serpiente. No sé de ti, pero si yo viera eso, yo habría corrido para el otro lado—¡serpientes me asustan! Luego de arrojar la vara, Dios ordenó que Moisés agarrara a la serpiente por la cola, y cuando lo hizo, la serpiente se convirtió de nuevo en una vara.

A lo largo de la escritura, la serpiente es una obvia referencia al poder satánico. Moisés estaba a punto de ir a Egipto, donde había un rey malvado e idólatra oprimiendo a la gente de Dios. Este símbolo del bastón de Moisés convertirse en una serpiente, y a continuación, la capacidad de Moisés para tomar la serpiente de nuevo en su mano, es uno Dios dar de su autoridad sobre los gobernantes y poderes malignos en Egipto. La santidad de Dios ha llegado a romper todo el poder del infierno sobre nuestras vidas y darnos la autoridad vivir en libertad. Como Moisés, fue hacia este fin que vino Jesucristo. 1 Juan 3:8 nos dice: *"Para esto aparecio el Hijo de Dios, para deshacer las obras del diablo."* Cuando Jesús envió a sus discípulos para ministrar, Él les dijo: *"Os doy potestad de pisotear serpientes y escorpiones, y sobre toda fuerza del enemigo, y nada os dañará,"* (Lucas 10:19). Esta misma autoridad que Moisés experimentó y que Jesús delegó a sus discípulos, está disponible hoy en día para nosotros.

Para el tercer signo, Dios le dijo a Moisés que metiera la mano en su túnica. Al hacerlo, la mano de Moisés se convirtió en blanco con la lepra. Luego recibió instrucciones de Dios para volver a meter su mano en su túnica, y la mano quedó limpia. ¡Qué imagen sorprendente de la santidad de Dios! Dios ha venido a su pueblo—que está infectado con la peste de la muerte y el pecado—para hacerlo totalmente limpio. La santidad del carácter de Dios y la posterior manifestación de su bondad trajo las personas cercanas a su presencia, las libró de ataduras demoníacas, y las ha limpiado para el uso único del Señor.

Vemos la similitud de la santidad y la bondad de Dios que actúa en el ministerio de Jesús. Si me piden que describa el ministerio terrenal de Jesús, lo más probable es que lo describiría como algo potente, libertador, lleno del Espíritu o milagroso. Sin embargo, en Hechos 10:38, el apóstol Pedro describe al ministrerio de Jesús de un modo diferente: *"cómo Dios ungió con el Espíritu Santo y con poder a Jesús de*

Nazaret, y cómo éste anduvo **haciendo bienes** *y sanando a todos los oprimidos por el diablo, porque Dios estaba con él."* ¿Viste eso? ¡El ministerio milagroso y libertador de Jesús se describe como *hacer el bien*!

Durante el ministerio de Jesús, se encontró con el quebrantamiento impuro de la humanidad. Jesús, en los primeros capítulos del Evangelio de Marcos, se encontró un espíritu demoníaco *impuro* (el opuesto de "santo"), un hombre con lepra, (una enfermedad de la piel que es muy *impura*), una mujer con un flujo de sangre, (un flujo *impuro*), y una niña muerta (La muerte es lo más *impuro* de todo según la Ley de Moisés).

En cada uno de los casos, Jesús, el hombre que estaba lleno del Espíritu de la Santidad de Dios, no se contaminó a través de su contacto con esas personas, ¡más bien esas personas se hicieron limpias a través del contacto con su santidad![20] Santo es el carácter de Dios, y su carácter se manifiesta a través de sus actos de bondad en liberar a las personas de su cautiverio e inmundicia para ser personas santas y limpias. Más tarde, Jesús, en Marcos 16:15-18, les dice Sus discípulos tienen que ir y hacer exactamente lo mismo para los demás:

Id por todo el mundo y predicad el evangelio a toda criatura. El que crea y sea bautizado, será salvo; pero el que no crea, será condenado.

Estas señales seguirán a los que creen: En mi nombre echarán fuera demonios, hablarán nuevas lenguas, tomarán serpientes en las manos y, aunque beban cosa mortífera, no les hará daño; sobre los enfermos pondrán sus manos, y sanarán.

La santidad está incrustada en la esencia misma y obras con Dios. Vemos en Moisés y los Apóstoles que en sus encuentros con la santidad del Espíritu de Dios, **su poder los soltó a ellos para hacer obras de poder y redención que empiezaron a mover a la gente impura, no santa y atada en pecado de regreso hacia la intención que Dios siempre tenía para ella.** El bautismo con el Espíritu es la manifestación exterior de la santidad de Dios para la restauración del pueblo. ¡El arrepentimiento activa a la salvación, pero la santidad de la salvación en acción!

Un Bautismo de Fuego Santo

Del mismo modo que hay un error en el entendimiento referente a la santidad de Dios, hay una idea errónea de la relación con el bautismo que Jesús da en fuego. Bautismo con fuego se entiende comúnmente de ser el mismo del bautismo con el Espíritu Santo. El bautismo con el Espíritu Santo es el poder sobrenatural de Dios para el ministerio que restaura a la gente a la pureza de Dios. Sin embargo, el fuego en las Escrituras nunca has sido un símbolo para el poder de Dios, sino de su santidad.

La primera vez que el fuego se menciona en la Biblia es la espada de fuego que llevaban los Querubines que guardaban la entrada del Huerto de Edén después de la expulsión de Adán y Eva. En otras palabras, el fuego y la espada no permitieron a Adán y Eva entrar nuevamente a la presencia de Dios debido a su pecado. El próximo contexto se encuentra en la destrucción a Sodoma y Gomorra, las dos ciudades que se habían vuelto moralmente depravadas y horribles en todos los sentidos de la palabra.

A lo largo de las Escrituras, el fuego es utilizado por Dios para quemar sacrificios, los cuales tenían sobre ellos el pecado del pueblo. También se utiliza el fuego de Dios para consumir la falsedad y la falta de fruto en el pueblo de Dios. Varias veces la Biblia describe la respuesta de Dios al pecado y la rebelión de su pueblo como "se encendió su ira." También existe el fuego eterno del infierno, el cual espera a aquellos que no se arrepientan de sus pecados. Deuteronomio 4:24, el mismo versículo que se repite en Hebreos 12:29, dice: *"Porque Jehová, tu Dios, es fuego consumidor, un Dios celoso."*

Originalmente Dios reveló su santidad a través de su bondad. ¿Cómo es, entonces, que la santidad de Dios tan a menudo se revela a través del fuego—y un fuego consumidor y terrorífico? ¿Cómo son los fuegos de Sodoma y Gomorra o los fuegos del infierno buenos? ¿Cómo podría el Dios, quien es un "fuego consumidor" ser bueno? Sin embargo, estas no son las únicas veces

Dios revela su santidad en fuego.

Dios reveló su fuego en la zarza ardiente a Moisés; en el pilar de nube y fuego para conducir a su pueblo después de su liberación de Egipto; en el Monte Sinaí cuando Él estableció a Israel como su pueblo del pacto; en la profecía de Malaquías del trabajo refinador del Mesías; y en las lenguas de fuego que vinieron a los creyentes a la venida del Espíritu Santo el día de Pentecostés.

Si examinamos cuidadosamente cómo Dios usa el fuego para revelarse en santidad, veremos que su fuego se utiliza principalmente para dos propósitos: para consumir o para consagrar. El fuego de la santidad de Dios es el resultado de nuestro pecado—no de la ira de Dios. Puesto que la santidad de Dios es la salud, la pureza y la integridad, entonces cualquier cosa que no esté dentro de su carácter y virtud va a encontrarse con su fuego. En otras palabras, puesto que Dios es puro y nosotros estamos manchados con el pecado, va a haber una consecuencia. Puesto que Dios es completo y somos rotos, va a haber una reacción.

La imagen del fuego se emplea porque el fuego puede consumir cualquier cosa—de hecho, ¡el fuego de Dios aún consume el agua vertida sobre el sacrificio del profeta de Elías! Proverbios 30:16 nos dice que el fuego no es saciado—arderá hasta que no haya nada más para quemar. Dondequiera que exista algo en la buena creación de Dios que no refleje su bondad o santidad, es fuera de línea con la orden natural y establecido por Dios. Desastres, enfermedades, el mal, el odio, la idolatría, la inmoralidad, las relaciones disfuncionales, los trastornos emocionales y mentales, y la muerte son todas fuera de la orden de la santidad de la creación de Dios. Y solemos considerar que todo el quebrantamiento de la vida que hemos experimentado es normal. Decimos cosas como: "Así es la vida," o "Lo que será será." Pero lo que experimentamos es realmente anormal que no estaba diseñado ser así. El fuego de Dios quema las anomalías del pecado y la muerte con el fin de llevar todo de nuevo en línea en su orden original.

El fuego de Dios consume o consagra, pero su fuego es el resultado del contacto de la santidad que tiene con el quebrantamiento. El fuego de Dios se consume el quebrantamiento y el pecado de cada persona en la tierra. Ya sea que el fuego devore a una persona o lo libre; castigue o purifique, dependiendo de la respuesta que cada persona hace al encontrarse con la santidad de Dios y la salvación en Jesucristo. Si nos arrepentimos de nuestros pecados, el fuego de Dios va a purificar nuestras vidas, consumir el quebrantamiento y el pecado, y restaurar su orden en nuestras vidas. Si negamos su salvación y tenazmente nos aferramos a nuestro pecado, entonces el fuego del infierno nos espera, no porque Dios odia a la gente, sino porque el pecado debe ser consumido y aquellos que se aferran a él se consumirán junto a él.

Juan el Bautista dijo que Jesús nos bautizará con el Espíritu Santo y fuego. Escucha cómo una cierta traducción de la Biblia se traduce estas palabras en Lucas 3:16-17:

Yo los estoy bautizando aquí en el río. El personaje principal de esta drama, a quien soy sencillamente un sacasillas, encenderá la vida del Reino, un fuego, el Espíritu Santo dentro de ustedes, transformándolos desde el interior. Él va a limpiar la casa—barrer sus vidas; colocar a todo en su lugar debido delante de Dios; todo lo que sea falso Él sacará junto con la basura para que se queme.[21]

Apartado

El Tabernáculo, y más tarde el Templo, que fue construido para la morada de Dios entre su pueblo, era un lugar de santidad completa. Cada parte del Tabernáculo debía de ser santificado con la sangre de un sacrificio para erradicar cualquier impureza que pudiera haber tocado. Este iba a ser el lugar donde el Dios santo sería capaz de vivir con un pueblo impuro. Los sacerdotes mismos, su ropaje y todas las herramientas especializadas usadas en el ministerio del Tabernáculo, se hizo santo para su uso dedicado. En su esencia y función, el Tabernáculo era el lugar de la santidad total, donde la presencia santa de Dios podía tener lugar entre su pueblo.

En Ezequiel 43:12, Dios da al profeta una visión del

nuevo templo que es que va a construir y Él dice: *"Esta es la ley fundamental del templo: ¡santidad absoluta!"* (NTV) En esto vemos otro aspecto de la santidad de Dios: alguien o algo que es apartado para uso especial por Dios. En 1 Corintios 3:16 y 6:19, dos veces se nos dice que **nosotros** somos el templo del Espíritu Santo. Nosotros, entonces, debemos de vivir en santidad absoluta. Hemos de vivir apartado para propósitos específicos de Dios.

EL BAUTISMO Y EL CRISOL

El bautismo de fuego es el crisol en el que Dios forja su gente. El proceso de la santidad de Dios nos está haciendo más como Él todos los días—haciendo nuestros corazones un Templo aceptable para que su Espíritu habite. Sin embargo, con las palabras de Juan Bautista diciéndonos que Jesús bautizará con el Espíritu Santo y fuego, y los resultados del mismo bautismo de Jesús cuando el Espíritu Santo lo dotó con poder, el bautismo que Jesús derrama sobre nosotros indica tanto la llenura con poder sobrenatural tanto como el fuego de la purificación del alma; el crisol en el que Dios forja el corazón y el carácter de su pueblo.

El bautismo con el poder del Espíritu Santo para el ministerio sobrenatural no estaba destinado a ser el cenit de nuestra fe. No es una medalla de oro de algo que hemos logrado o que se presume como que Dios nos sonríe un poco más que a otros creyentes. El bautismo con el poder del Espíritu Santo es una herramienta para vivir como Jesús vivió y ministrar más allá de nuestras capacidades naturales. Hay muchos que se enfocan en las manifestaciones momentáneas de poder. Sin embargo, el cenit de nuestra fe no es en el poder. Tampoco ocurre el milagro más grande en una experiencia electrizante y emocional con Dios—estas cosas suceden como un medio de Dios con el fin de formar su santidad en nosotros. El mayor y más difícil milagro es la transformación de un alma deformada en una como la de Cristo.

Sansón es un buen ejemplo de un hombre con el **carisma** del Espíritu sin el **carácter** de la santidad; uno que **hacía** milagros sin **ser** como Dios. Podría decirse que Sansón fue el más famoso de los jueces de Israel, fue dotado de habilidades físicas sobrenaturales. Si alguna vez hubo un hombre de Dios más formidable al que se podría indicar sus obras específicas, abrumadores y carismáticas con poder milagroso...era Sansón. Pero Sansón también corrió en pos de las prostitutas y continuamente desobedeció los mandatos de Dios. Él era poderoso e hizo cosas increíbles, pero al final, era indulgente, indisciplinado y desobediente y sus obras murieron junto con él.

Jesús mismo habló del tema del poder sin carácter y obediencia en Mateo 7:21-23:

No todo el que me dice: Señor, Señor, entrará en el reino de los cielos, sino el que hace la voluntad de mi Padre que está en los cielos.

Muchos me dirán en aquel día: Señor, Señor, ¿no profetizamos en tu nombre, y en tu nombre echamos fuera demonios, y en tu nombre hicimos muchos milagros? Y entonces les declararé: Nunca os conocí; apartaos de mí, hacedores de maldad.

La prueba de una vida como la de Cristo no se encuentra en las obras de poder sino en obediencia total al Señor. El ministerio carismático que no conlleva el carácter de Dios forjado en el fuego de la santidad, hace que el ministerio de uno sea inmaduro y de poca profundidad. Yo prefiero una persona madura, discipulada y disciplinada sobre una que simplemente hace un milagro.

Nunca olvidaré la vez en que dirigí el culto en una conferencia de trabajadores para niños. Yo era pastor para niños en mi iglesia, y nuestra iglesia dio un seminario especial para las personas que ministran a los niños. Durante la última sesión, tuvimos un tiempo de ministerio y había varios pastores que estaban preparados para orar por las personas. Había una señora específica orando por gente, y todo el mundo que esta mujer tocaba se caía al suelo. Yo estaba lo suficientemente cerca como para ver lo que realmente estaba sucediendo. Ella estaba empujando a la gente, agarrándola y torciéndole el brazo para "ayudarla" a caer al suelo.

Yo estaba indignado. No sólo estaba molesto por esa

manipulación carnal, sino también que la línea de gente esperando para que ella orara era mucho más larga. La gente sincera, que desesperadamente quería un toque de Dios Padre, estaba haciendo la línea para que una persona inmadura orara por ellos. No dudo de su sinceridad ni de su amor por Jesús, pero me hace dudar de la madurez del ministerio. Cuando el enfoque tiene que ver con la manifestación visible del Espíritu, el carácter más profundo del Espíritu a menudo es olvidado.

El bautismo de fuego es el proceso de refinación y de purificación que se forma el carácter de Dios en nosotros. En su bautismo, Jesús recibió el poder del Espíritu Santo para el ministerio milagroso. Sin embargo, también vemos la fundición del personaje de Jesús. Lucas 2:51 nos dice que Jesús fue obediente a sus padres. Hebreos 5:8 describe aún más de la formación de Jesús, *"aprendió la obediencia por las cosas que sufrió."* Incluso después de recibir el poder del Espíritu Santo en su bautismo, Jesús no comenzó inmediatamente a funcionar en ese poder. Más bien, el Espíritu Santo lo llevó al desierto durante cuarenta días para ser probado por el diablo.

Jesús mismo, lleno de poder, todavía tenía que pasar por el crisol de la formación del carácter. Dios no estaba interesado en simplemente un hombre que podía realizar lo milagroso, pero en aquel en quien podía confiar para ser obediente y representar a su carácter al mundo. Sin embargo, en las propias palabras de Jesús, Él declara que *"El que me ha visto, ha visto al Padre... Creedme que yo estoy en el Padre y el Padre en mí; de otra manera, creedme por las mismas obras,"* (Juan 14:9 y 11). Jesús hace referencia a, y Él mismo es, una convergencia tanto del **carácter** del Padre en Él y la **carisma** (milagros) que se trabajó a través de Él. **Dios quiere <u>ambos</u> de su pueblo.**

Bautizados en el Nombre de Jesús

Como somos bautizados en el nombre de Jesús (recuerda que debemos ser bautizados en el nombre del Padre, **del Hijo**, y del Espíritu Santo), estamos compartiendo en la dimensión de la vida y la autoridad de quién es Jesús y lo que Él ofrece a su gente. La razón de nuestra salvación no es simplemente para irnos al cielo, sino reclamar en Jesucristo todo el propósito y la autoridad de Dios que se perdió debido a la esclavitud del pecado sobre nuestras vidas. Como somos bautizados en su nombre, comenzamos a vivir en el poder de su nombre. Vivir la vida de un discípulo en el poder del nombre de Jesús nos permite caminar en las dimensiones espirituales de 1) la salvación de nuestro espíritu, 2) la sanidad para nuestras almas y cuerpos y 3) autoridad para extender la vida y el poder de Jesús a través nuestra propia vida.

Hechos capítulo tres relata el primer milagro de sanidad en la Iglesia. Pedro y Juan entraron en el templo cuando vieron a un hombre, que había sido lisiado desde hace más de cuarenta años, pidiendo limosnas en la entrada. El hombre esperaba recibir dinero de los dos Apóstoles. Pero en vez Pedro, lleno del Espíritu Santo, dijo: *"No tengo plata ni oro, pero lo que tengo te doy; en el nombre de Jesucristo de Nazaret, levántate y anda."* El milagro le dio la oportunidad a Pedro predicar el Evangelio de Jesucristo en el recinto del templo y muchos se salvaron.

La fe en el Nombre de Jesús es lo que nos permite caminar en tal autoridad espiritual. Durante la predicación de Pedro, en Hechos 3:16 dice estas palabras: *"Y **por la fe en su nombre**, a éste, que vosotros veis y conocéis, le ha confirmado su nombre; y **la fe que es por él** ha dado a éste esta completa sanidad en presencia de todos vosotros."*

El poder y la autoridad en el Nombre de Jesús se deben a su victoria sobre satanás en la cruz. En su muerte y resurrección—la cual tomamos parte en el bautismo— Jesús aseguró para toda la humanidad los mismos propósitos de Dios para nuestras vidas que se habían perdido. Ahora, bautizado en su nombre, con fe y del Espíritu Santo, avanzamos en el mismo poder y autoridad en la que el mismo Jesús funcionaba. Tome un momento para leer estas pocas escrituras que delinean el poder y la autoridad del Nombre de Jesús:

Colosenses 2:13-15, "Y a vosotros, estando muertos en pecados y en la incircuncisión de vuestra carne, os dio vida juntamente con él, perdonándoos todos los pecados, anulando el acta de los decretos que había contra nosotros, que nos era contraria, quitándola de en medio y clavándola en la cruz, y **despojando a los principados y a las potestades, los exhibió públicamente, triunfando sobre ellos en la cruz."**

Filipenses 2:8-11, "y estando en la condición de hombre, se humilló a sí mismo, haciéndose obediente hasta la muerte, y muerte de cruz. **Por lo cual Dios también le exaltó hasta lo sumo, y le dio un nombre que es sobre todo nombre,** para que en el nombre de Jesús se doble toda rodilla de los que están en los cielos, y en la tierra, y debajo de la tierra; y toda lengua confiese que Jesucristo es el Señor, para gloria de Dios Padre."

Hechos 4:12, "Y en ningún otro hay salvación; porque **no hay otro nombre** bajo el cielo, dado a los hombres, en que podamos ser salvos.

Marcos 16:17-18, "Y estas señales seguirán a los que creen: **En mi nombre** echarán fuera demonios; hablarán nuevas lenguas; tomarán en las manos serpientes, y si bebieren cosa mortífera, no les hará daño; sobre los enfermos pondrán sus manos, y sanarán."

Mateo 28:18-19, "Y Jesús se acercó y les habló

diciendo: **Toda potestad me es dada en el cielo y en la tierra.** *Por tanto, id, y haced discípulos a todas las naciones, bautizándolos en el nombre del Padre, y del Hijo, y del Espíritu Santo."*

El bautismo en el Nombre de Jesús calibra nuestra vida espiritual para vivir en las dimensiones de la vida y el poder que el nombre de Jesús ofrece: la salvación, la sanidad, y la autoridad. El bautismo y la fe en el Nombre de Jesús nos traen a todos los beneficios espirituales que Dios nos da a través de la salvación. De hecho, Romanos 8:16-17 nos dice que como hijos de Dios, somos coherederos con Jesús. ¡Todo lo que Él es y tiene está disponible para nosotros! El nombre de Jesús es la sanidad. Lo vemos claramente en esta historia: la fe en el Nombre de Jesús, a éste conjunto. El nombre de Jesús abre la puerta a la autoridad espiritual y la recuperación total del dominio y el gobierno que Dios nos creó poseer desde el principio.

VIII

El Bautismo Nos Abre las Puertas a lo Sobrenatural

El calentador del bautisterio de nuestra iglesia se había descompuesto en una fría noche de Marzo, cuando mi hermano y yo entramos en las aguas heladas para ser bautizados. Nuestro padre, quien era un pastor asociado en nuestra iglesia, nos iba a bautizar. Tanto mi hermano como yo, que teníamos respectivamente los doce y los diez años, habíamos anticipado en gran medida esta noche, y estábamos emocionados y emocionales esperando nuestro turno para ser sumergidos en el agua. El pastor estaba orando por los candidatos mientras estábamos en el agua. ¡No podia esperar a que terminara la oración porque yo estaba temblando por el agua fría!

El hecho que yo estaba ahí se debía a la primera vez que Dios habló conmigo. Jamás olvidaré ese momento. Yo tenía diez años. No había estado en oración. Yo no estaba buscando a Dios en ese momento. Yo no estaba pidiendo una señal o una voz del cielo. Simplemente estaba haciendo mi rutina de tareas de casa cada sábado pasando la aspiradora en mi alcoba. Yo nunca antes había oído hablar a Dios. Por cierto, muchas personas no han escuchado la voz de Dios hablar directamente a su corazón, y muchas veces este hecho en sí mismo se convierte en un impedimento para ellos escucharle a Dios y luego se desalientan. Sin embargo, he aprendido que Dios no tiene problemas para conectarse con la gente cuyos corazones están dispuestos y abiertos. ¡Anímate! Jesús nos instruyó con respecto a estas cosas diciéndonos, "Buscad, y hallaréis," (Mateo 7:7)

Al pasar la aspiradora por el piso de la habitación, de repente, oí dos palabras resonar claramente en mi alma, "Sé bautizado." Yo sabía al instante que era Dios. Ciertamente, no era mi propio pensamiento, de hecho, nunca había siquiera considerado el bautismo antes de ese momento. En obediencia a la voz del Señor, les dije a mis padres de mi encuentro con Dios y fijamos una fecha para mi bautismo. En ese mismo período de tiempo, Dios también había estado hablando con mi hermano acerca de ser bautizado.

Unas semanas después, estuvimos ahí en el bautisterio temblando del frío y de anticipación mientras nuestro papá bautizadaba a los primeros candidatos. Era el turno de mi hermano. Miré a mi padre preguntarle si creía en Jesucristo como su Señor y Salvador, y lo afirmó. Mi papá sumergió a Brian bajo el agua e inmediatamente después de levantarse de las aguas, oí que mi hermano, por primera vez en su vida, comenzó a hablar en lenguas. ¡Me sentí muy feliz por él! Al mismo tiempo, me sentí un poco nervioso porque yo quería desesperadamente que lo mismo me sucediera a mí. Durante toda la semana anterior mientras esperaba bautizarme, yo había orado con mucha diligencia pidiéndole a Dios que me llenara con el bautismo en el Espíritu Santo. Yo recuerdo estar sentado en mi aula del quinto grado, sin prestar atención a mis lecciones, y yo oraba en voz baja para el bautismo del Espíritu Santo.

Era mi turno. Mi padre me hizo la misma pregunta que le hizo a mi hermano, y yo también afirmé mi amor, creencia, y compromiso con mi Señor Jesús Cristo. Ahora, sólo unos momentos antes, un pensamiento se me ocurrió en mi cerebrito de diez años. Me preguntaba ¿qué pasaría bajo el agua si abriera los ojos. ¿Vería ángeles? ¿Vería algo diferente? ¿Vería un cielo abierto mientras yo estaba debajo de las aguas sagradas del bautismo? Bueno, no era el pensamiento más maduro, ¡pero deme un poco de espacio que yo solo tenía diez años! Puedo decir con autoridad que nada se ve diferente al abrir los ojos bajo las aguas bautismales.

Antes de nuestro bautismo, se nos instruyó a no simplemente levantarnos del agua e irnos directo al vestuario. Debíamos de esperar, levantar nuestras manos y comenzar a alabar al Señor esperando que Dios nos tocara de una manera potente...y Dios lo hizo. Al levantarme de las aguas, alcé mis manos y simplemente dije: "Te alabo, Señor..." cuando fui bautizado inmediatamente en el poder del Espíritu Santo y comenzé a hablar en lenguas. Fue una de las experiencias más intensas de mi vida. Me quedé allí durante mucho tiempo alabando a Dios en una lengua que no entendía tal como los discípulos de Jesús hicieron en Hechos 2. Aunque muchas personas no experimentan el bautismo en el Espíritu Santo en las aguas del bautismo, sigue siendo una expectativa de que podemos recibir la promesa del Padre, que es el Espíritu Santo, al mismo tiempo que somos bautizados. Eso me sucedió. Le pasó a mi hermano. Les ha ocurrido a muchos otros. También le pasó a Jesús.

Cuando Jesús se sometió al bautismo, se produjeron cuatro cosas: 1) Él cumplió con "toda justicia", 2) los cielos se le abrieron, 3) una voz de afirmación desde el cielo se escuchó, y 4) el Espíritu Santo descendió sobre Él llenándolo con poder para el ministerio. Hemos hablado de los tres primeros eventos y tocado un poco del cuarto evento en el capítulo anterior. Ahora quiero traer el bautismo con el Espíritu Santo en un enfoque bíblico porque el Evangelio de Jesucristo es más que simplemente ser perdonado, limpiado, y aceptado en una nueva familia—el Evangelio es también el poder para vivir y servir en este mundo como Jesús mismo lo hizo.

Los Tres Bautismos

Aunque hemos estudiado y aplicado el poder que Dios nos ofrece a través del símbolo inportante del bautismo, la Biblia habla de tres bautismos diferentes. Hebreos 6:1-2 dice,

Por tanto, dejando ya los rudimentos de la doctrina de Cristo, vamos adelante a la perfección, no echando otra vez el fundamento del arrepentimiento de obras muertas, de la fe en Dios, de la **doctrina de bautismos***, de la imposición de manos, de la resurrección de los muertos y del juicio eterno.*

Por favor, nota el plural de los *bautismos*—hay más que un solo bautismo. Cuando hacemos los bautismos, Jesús nos indicó que bauticemos en el nombre del *Padre*, en el nombre del *Hijo*, y en el nombre del *Espíritu Santo*. Hasta la forma de decir esto es significativo. Cuando el pastor lleva a la persona bajo del agua, dice algo semejante a, "Te bautizo en el nombre del Padre, Hijo, y Espíritu Santo." No hay nada mal en decir esto, pero no es lo que Jesús estaba diciendo; que sencillamente metemos a la gente en el agua diciendo los tres nombres.. Al usar cada uno de los tres nombres separadamente (...*y* en el nombre de...), Jesús estaba designando cada uno como un bautismo distinto: El Bautismo *del* Padre. El Bautismo *del* Hijo. Y el Bautismo *del* Espíritu Santo.

Ya hemos abordado dos de estos bautismos ampliamente. Sin embargo, cada una de estos bautismos son distintos uno del otro y cada discípulo de Jesucristo debe responder a cada uno de estos tres bautismos.[22]

El Bautismo del Espíritu Santo

Este primer bautismo es el "Bautismo **del** Espíritu Santo," y no se debe de confundir con el "Bautismo **con/en** el Espíritu Santo." Es el Bautsimo del Espíritu Santo porque es Él quien nos bautiza, y nos bautiza **en el Padre**—la familia de Dios. Esto sucede cuando somos salvos y adoptados a la familia de Dios y Él llega a ser nuestro Padre. 1 Corintios 12:13 deja claro: *"Porque por un mismo Espíritu todos fuimos bautizados en un cuerpo.... A todos se nos dio a beber de un mismo Espíritu."* Para entrar en la libertad y la familia de Dios, tenemos que ser perdonados de nuestros pecados. Se trata de una obra del Espíritu Santo que nos une a Cristo y a la familia de Dios. Mas es por el Espíritu Santo que podemos decir "Abba Padre" a Dios (Romanos 8:15; Gálatas 4:6).

Además, 1 Corintios 12:3 nos dice que sin el Espíritu Santo, no podemos incluso declarar que Jesucristo es el Señor. 1 Pedro 3:18 nos dice, *Porque también Cristo padeció una sola vez por los pecados, el justo por los injustos, para llevarnos a Dios, siendo a la verdad muerto en la carne, pero vivificado en espíritu."* A medida que murió Jesús, también morimos juntamente con Él; nosotros quienes estábamos *"muertos en (a causa de) sus delitos y pecados"* (Efesios 2:1), Él nos hizo vivos por el mismo Espíritu. De hecho, Romanos 8:11 dice que el mismo Espíritu que levantó a Jesús de entre los muertos, vive en nosotros. Este es el Espíritu de regeneración de la vida que nos rescata de la muerte espiritual del momento en que creemos en Jesucristo.

Bautismo del Padre

El segundo es el bautismo del Padre. Él nos bautiza en su Hijo, Jesucristo. Como hemos visto, por el bautismo nos sometemos a Dios y Él nos une a la muerte y la resurrección de Jesús. Este bautismo es el símbolo de nuestra salvación y el arrepentimiento; la limpieza de conciencia; y la transformación de nuestro ser. Si este no es ser bautizado en Jesús, ¡yo no sé qué es! Hebreos 2:11 alude al hecho de que Jesús es nuestro hermano. Jesús no es nuestro Padre, sino tenemos el **mismo** Padre (Juan 20:17), y como sus hijos, el Padre nos une para vivir como su familia **en Cristo**.

Desde la fundación de la nación de Israel, Dios le dio la pauta para el Evangelio completo en Cristo Jesús que debemos seguir. Es interesante observar cómo Dios instruyó a Moisés para construir el Tabernáculo en el Monte Sinaí. Dios dio instrucciones específicas para su construcción. Todas las diversas piezas de muebles del Tabernáculo representan a Jesucristo y el plan de Dios que se completaría a través de Él. El Tabernáculo es digno de un estudio en sí, pero para nuestros propósitos sólo vamos a estudiar el exterior del Tabernáculo.

Una cortina rodeaba toda la sede del Tabernáculo, y sólo había un punto de entrada. En Juan 10:9, Jesús declaró: *"Yo soy la puerta."* Por otra parte, en Juan 14:6 Jesús también dijo: *"Yo soy el camino, la verdad y la vida. Nadie llega al Padre, sino por mí."* Sólo hay una puerta que conduce a Dios, y ésta es a través de Jesús. Contrario a la creencia popular de nuestro mundo de hoy, no todas las religiones conducen al mismo lugar. Dios es claro, sólo a través de su Hijo, Jesucristo, podemos encontrar el camino que conduce a la presencia de Dios y la vida eterna.

Como el sacerdote entraba por la puerta de la sede del Tabernáculo, frente a él estaba el altar de bronce, el lugar donde la gente traía sus sacrificios por sus pecados. Cada sacrificio ofrecido sobre aquel altar era una representación del máximo sacrificio que Jesús haría en la cruz por el mundo—el lugar donde se derramó su sangre para que pudiéramos ser perdonados. Esto es simbólico de la primera Pascua, cuando Israel fue liberado de la esclavitud, donde todos los que estaban "bajo la sangre" se salvaron de la muerte. Este evento representa el primer bautismo de ser perdonados del pecado para que podamos estar en relación con Dios otra vez y ser parte de su familia.

En el patio del Tabernáculo, pasando un poco más allá del altar de bronce, estaba la fuente o el lavabo. Como vimos en el anterior, la fuente es el símbolo del segundo bautismo en agua. En el primer bautismo del Espíritu Santo nos unimos a la familia de Dios en la salvación, somos liberados del pecado, pero el segundo representa nuestro arrepentimiento por los pecados y la presentación de nuestra vida a Dios. En otras palabras, antes de que el sacerdote Israelita pudiera entrar en el Tabernáculo y al Lugar Santo, él primero tuvo que pasar por el proceso del perdón y de limpieza. No es diferente para nosotros. Tanto somos perdonados por la sangre de Cristo, y limpios de nuestro camino más allá de la vida mediante el baño del agua (véase Ezequiel 36:25 y Efesios 5:26 en referencia a la Iglesia). Sin embargo, antes de entrar en el Tabernáculo, había todavía una cosa más para los sacerdotes que hacer: tenían que ser ungidos con aceite. Este aceite representa el tercer bautismo.

El Bautismo del Hijo

Juan el bautista dijo que Jesús nos bautizará con el Espíritu Santo y con fuego (Mateo 3:11), y Jesús dijo que cuando Él fuera a regresar al Cielo, enviaría al Espíritu Santo (Juan 14:16). Este es el bautismo **del** Hijo—conocido como el Bautismo **en** o **con** el Espíritu Santo, ¡pero es Jesús quien bautiza!

Tenemos que asombrarnos con este simbolismo, power, ternura y llamado altísimo de estos tres bautismos. Jesús oró en Juan 17 que fuéramos uno como Él y el Padre son uno—fuimos creados para ser unidos totalmente con la Trinidad de Dios. Dios anhela que estemos en perfecta unión con Él—tanto que cada miembro de la Trinidad nos bautiza en el otro con un bautismo específico para que se cumpla la oración de Jesús,

Te pido que todos sean uno, así como tú y yo somos uno, es decir, como tú estás en mí, Padre, y yo estoy en ti. Y que ellos estén en nosotros, para que el mundo crea que tú me enviaste. Les he dado la gloria que tú me diste, para que sean uno, como nosotros somos uno. Yo estoy en ellos, y tú estás en mí. Que gocen de una unidad tan perfecta que el mundo sepa que tú me enviaste y que los amas tanto como me amas a mí...Yo te he dado a conocer a ellos y seguiré haciéndolo. Entonces tu amor por mí estará en ellos, y yo también estaré en ellos». (Juan 17:21-3; 26 NTV)

El Bautismo con el Espíritu Santo

Jesús recibió el bautismo con el Espíritu Santo cuando descendió el Espíritu sobre Él en la forma de paloma. Esto pasó al mismo tiempo que se bautizó en agua. Este bautismo con el Espíritu Santo encendió el poder sobrenatural de Dios en Jesús para poder vivir y ministrar. De hecho, es fundamental tener en cuenta que Jesús no ministró, hizo milagros, ni predicó antes de recibir el Espíritu Santo.

Es sumamente importante reconocer tanto la divinidad como la humanidad de Jesús. Mucha gente piensa que Jesús tenía poder milagroso debido a su divinidad.

Filipenses 2:7 nos dice que *"se despojó a sí mismo tomando forma de siervo, haciéndose semejante a los hombres."* En otras palabras, aunque Él era Dios, utilizaba su propia divinidad para funcionar con poder divino. Él vivió lo mismo que tú y yo vivimos, como simple ser humano. Así que ¿cómo pudo hacer tantas obras milagrosas si Él no utilizaba su divinidad? Es porque Él estaba lleno del Espíritu Santo de Dios. Por esa razón, Él fue capaz de decir a sus discípulos que *"él que cree en mí, las obras que yo hago, él las hará también, e incluso mayores obras... porque yo voy al Padre"* (Juan 14:12). ¡Jesús fue al Padre para que pudiera enviar, a los que creemos, el mismo Espíritu Santo que le dio poder a Él! (Véase Juan 14:26 y Hechos 1: 4). Jesús, aunque nunca dejó de ser Dios y no abandonó su lugar en la Trinidad, funcionó en el Espíritu Santo igual como tú y yo podemos con el mismo Espíritu. Su poder no fluía de su divinidad, sino se llenó con el poder del Espíritu Santo. ¡Tú y yo podemos recibir el mismo poder del Espíritu Santo en nuestras vidas para funcionar como lo hizo Jesús, este es el tercer bautismo!

Volviendo a la imagen del Tabernáculo, el sumo sacerdote tenía que pasar a través de la puerta, del altar de bronce, la fuente, y luego antes de entrar al Lugar Santo donde se encontró con la presencia de Dios, tenía que recibir el aceite de unción. ¡Qué imagen del Espíritu Santo! A lo largo de la Escritura, una de las representaciones más frecuentes de la obra del Espíritu Santo es el aceite. La imagen del Tabernáculo refleja, es un testimonio del Evangelio completo. En la vida y ministerio de Jesús, este Evangelio se realizó y se puso a nuestra disposición. En los tiempos del Tabernáculo, sólo el sacerdote podía acercarse a la presencia de Dios, pero en Jesús, el camino está abierto para que todos podamos compartir en la totalidad de su poder, su amor y su reino.

Los Tres Bautismos en la Biblia

Es evidente que el bautismo con el Espíritu Santo es una experiencia que sucede después de la salvación, y muchas veces después del bautismo en agua, pero no exclusivamente después del bautismo de agua. A través de la Escritura, vemos el cumplimiento del Espíritu Santo incluso más allá de la imaginería del Tabernáculo. 1 Corintios 10:2, haciendo referencia cuando los Israelitas salían de Egipto, explica que *"En Moisés todos fueron bautizados en la nube y en el mar."* El bautismo de los Israelitas fue en la nube (la nube de gloria de Dios: el Espíritu Santo), en el mar (las aguas del bautismo), y en Moisés (que era un tipo de Cristo-Salvador). El Apóstol Juan continua enseñándonos sobre estos tres bautismos:

Este es Jesucristo, que vino mediante agua y sangre; no mediante agua solamente, sino mediante agua y sangre. Y el Espíritu es el que da testimonio; porque el Espíritu es la verdad. Porque tres son los que dan testimonio en el cielo: el Padre, el Verbo y el Espíritu Santo; y estos tres son uno. Y tres son los que dan testimonio en la tierra: el Espíritu, el agua y la sangre; y estos tres concuerdan. (1 Juan 5 6-8)

Considere el hecho de que el apóstol Juan presenta **tres** testimonios que da en la tierra así como en el cielo: la sangre, el agua y el Espíritu. La sangre representa la obra de Jesús en la salvación, el agua representa el bautismo, y el Espíritu representa el poder del Espíritu Santo. ¡También me parece fascinante que cuando Jesús dio la Gran Comisión, les dijo a sus discípulos que tenían que bautizar a todas las naciones en el Nombre del 1) Padre, y del 2) Hijo y del 3) Espíritu Santo! El entendimiento del bautismo, como hemos hablado, es la entrada hacia la vida abundancia que está disponible para nosotros a través de la el Dios tres-en-uno. Cuando nos bautizamos, entramos en el ámbito de influencia, poder y la vida que cada miembro de la Trinidad dispone a nosotros.[23]

Las escrituras dejan claro que este tipo de bautismo debe ser recibido en cada uno de estos nombres. Hechos 8:14-16 nos muestra estos diferentes bautismos:

Cuando los apóstoles que estaban en Jerusalén oyeron que Samaria había recibido la palabra de Dios, enviaron allá a Pedro y a Juan; los cuales, habiendo venido, oraron por ellos para que recibiesen el Espíritu Santo; porque aún no había descendido sobre ninguno de ellos, sino que <u>solamente habían sido bautizados en el nombre de Jesús.</u>

En otras palabras, había perdón de los pecados y fe en el Salvador, pero no había la entrada plena de la vida **completa** que Dios tiene para su pueblo a través del bautismo en el Espíritu Santo. El libro de los Hechos da historias adicionales de estos diferentes bautismos en 10:44-48. El apóstol Pedro está predicando a Cornelio y su familia—que fueron los primeros gentiles para creer:

Mientras aún hablaba Pedro estas palabras, el Espíritu Santo cayó sobre todos los que oían el discurso. Y los fieles de la circuncisión que habían venido con Pedro se quedaron atónitos de que también sobre los gentiles se derramase el don del Espíritu Santo. Porque los oían que hablaban en lenguas, y que magnificaban a Dios. Entonces respondió Pedro: ¿Puede acaso alguno impedir el agua, para que no sean bautizados estos que han recibido el Espíritu Santo también como nosotros? <u>Y mandó bautizarles en el nombre del Señor Jesús...</u>

Estos gentiles fueron bautizados en el Espíritu Santo antes de que fueran bautizados en el nombre de Jesús, sin embargo Pedro considera una necesidad de ser bautizado en el Nombre de Jesús, no sólo en el Espíritu Santo. Véase de nuevo en Hechos 19:1-6 lo que el apóstol Pablo hace cuando se encuentra con que los creyentes en Corinto que sólo se habían arrepentido de sus pecados:

Aconteció que entre tanto que Apolos estaba en Corinto, Pablo, después de recorrer las regiones superiores, vino a Efeso, y hallando a ciertos discípulos, les dijo: ¿Recibisteis el Espíritu Santo cuando creísteis? Y ellos le dijeron: Ni siquiera hemos oído si hay Espíritu Santo. Entonces dijo: ¿En qué, pues, fuisteis bautizados? Ellos dijeron: En el bautismo de Juan. Dijo Pablo: Juan bautizó con bautismo de arrepentimiento, diciendo al pueblo que creyesen en aquel que vendría después de él, esto es, en Jesús el Cristo. Cuando oyeron esto, <u>fueron bautizados en el nombre del Señor Jesús.</u> Y habiéndoles impuesto Pablo las manos<u>, vino sobre ellos el Espíritu Santo</u>; y hablaban en lenguas, y profetizaban.

Antes de la ascensión de Cristo al cielo, Jesús dijo a sus discípulos que no fueran a ninguna parte hasta que hayan recibido el Espíritu Santo. Se los dijo así por la misma razón que Él mismo no ministraba antes de recibir el mismo Espíritu—¡porque no tenía poder! (Hechos 1:4-5). El mandato de esperar venía acompañado con la promesa de poder: *"pero recibiréis poder, cuando haya venido sobre vosotros el Espíritu Santo, y me seréis testigos en Jerusalén, en toda Judea, en Samaria, y hasta lo último de la tierra,"* (Hechos 1:8). Cuando el Espíritu Santo fue derramado sobre ellos, nació la Iglesia y los discípulos comenzaron a hablar en otras lenguas, sanar a los enfermos y predicar el Evangelio. En pocas palabras, el bautismo en el nombre y el poder del Santo Espíritu nunca fue visto como opcional ni por Jesús ni los Apóstoles. Dondequiera que iban, el bautismo en el Espíritu Santo acompañaba el bautismo en el Nombre de Jesús.

Recibir el Espíritu Santo

Los tres bautismos están disponibles para nosotros en este momento. Si nunca has recibido a Jesús como su Señor y Salvador, ¡puedes hacerlo ahora mismo! Simplemente pídele que te perdone sus pecados, confiésale que es el Señor, y crea que Él murió en la cruz y que Dios lo levantó de los muertos (Romanos 10: 9-10). Si tú nunca te has sido bautizado en agua, ¡hazlo! Como el Etíope que creyó en Cristo le dijo a Felipe: *"Aquí está el agua. ¿Qué impide que yo sea bautizado?"* (Hechos 8:36). ¡Nada te impide!

De la misma manera, el bautismo con el Espíritu Santo está disponible para ti. ¡Es la promesa del Padre! Lo recibes de la misma manera que recibiste la salvación: por la fe. En Lucas 11:9-13, Jesús anima a sus seguidores a pedir por el Espíritu Santo:

Y yo os digo: Pedid, y se os dará; buscad, y hallaréis; llamad, y se os abrirá. Porque todo aquel que pide, recibe; y el que busca, halla; y al que llama, se le abrirá. ¿Qué padre de vosotros, si su hijo le pide pan, le dará una piedra? ¿o si pescado, en lugar de pescado, le dará una serpiente? ¿O si le pide un huevo, le dará un escorpión? Pues si vosotros, siendo malos, sabéis dar buenas dádivas a vuestros hijos, ¿cuánto más vuestro Padre celestial dará el Espíritu Santo a los que se lo pidan?

Recibir el bautismo del Espíritu Santo es una experiencia igual de sobrenatural como cuando Jesús te perdonó tus pecados y redimió tu vida. Muchas personas son renuentes cuando vienen a recibir el bautismo del Espíritu Santo. Gran parte de esta renuencia proviene del **desconocimiento** del mismo bautismo con el Espíritu Santo, o de **abusos** y prácticas extrañas que han observado de personas bien intencionadas, pero espiritualmente inmaduras.

Se nos exhorta en 1 Corintios 12:1 a no "ser ignorante" de los dones del Espíritu Santo. Debemos ser ambos familiarizados con los dones del Espíritu y maduros en nuestra capacidad para utilizarlos. Igual debemos de estar fundados bíblicamente con ambas de sus funciones y sus razóns de existir.

La lista de los dones del Espíritu Santo se detallan en 1 Corintios 12:8-10: la palabra de sabiduría, palabra de conocimiento, fe, dones de sanidad, milagros, profecía, discernimiento de espíritus, lenguas e interpretación de lenguas. Sin entrar en una enseñanza detallada, sus funciones son poder para liberar a las personas de la opresión del diablo, participar en la guerra espiritual de vital importancia, y participar en el más profunda adoración a través de la ayuda del Espíritu Santo.[24] Un mentor mío una vez me dijo que hay cuatro categorías de los dones del Espíritu Santo. Estos dones son dados para ayudarnos: 1) **hacer** lo que nunca podríamos hacer sin su ayuda, 2) **ser** lo que nunca podríamos ser sin su ayuda, 3) **decir** lo que nunca podríamos decir sin su ayuda y 4) **saber** lo que nunca podríamos saber sin su ayuda. Pero la mejor razón de su existencia y la forma en que se llevarán a cabo se explica en 1 Corintios 13: El amor—el amor sacrificial que trabaja para lo mejor en unos y otros. Cuando el creyente maduro entiende estas cosas, nunca tendrán una razón para temer el movimiento o manifestaciones que el Espíritu Santo le da a su gente.

Para recibir el bautismo con el Espíritu Santo es simplemente abrirte a la plenitud de la promesa del Padre. Pídele a Jesús que te bautice y recíbelo con fe. La expresión más común del bautismo con el Espíritu Santo es el hablar en lenguas, pero no es aconsejable adherirse al dogma que declara esto es la única manera que Dios inicialmente se expresa a sí mismo en la vida del creyente. Sin embargo, a través del libro de los Hechos, y en la experiencia de muchos ministros, hablando en lenguas es la expresión inicial más común de la plenitud del Espíritu Santo.

Quiero invitarte a pedir que Espíritu Santo te llene con poder para vivir a lo máximo de la intención de Dios para ti. Verás que cuando recibes estos tres bautismos, tu vida nunca será la misma. ¡Tú vas a vivir el poder del cielo aquí en la tierra! Esto no quiere decir que toda la vida será automáticamente fácil, sino que las realidades de la vida en Jesús y todos los recursos del cielo están disponibles para vivir una vida victoriosa. Ni tampoco el bautismo en la familia de Dios, en el agua o en el Espíritu Santo son pasos que van y vienen en un momento. Cada uno es una puerta, que cuando se abre, nos introduce a un mundo nuevo y una nueva manera de vivir en la gracia y el poder de Dios. Dios está invitando a todos a vivir cada día en el poder del bautismo.

El Bautizo de los Infantes

Si estás leyendo este breve libro, es muy posible que tus padres te hayan bautizado siendo un bebé o un niño pequeño. Si ese es el caso, ¡qué hermosa cosa que tus padres hicieron eso por ti! Es un testimonio de su deseo que tú caminaras en obediencia de los caminos de Dios. El bautismo de niños es muy similar a una presentación a Dios. Pero una presentación y un bautismo de niños no son para la salvación eterna de una persona.

La salvación no viene a través de un ritual, sino más bien a través de la fe personal en Jesucristo y la sinceridad del corazón arrepentido por el pecado que uno cometió. Es sólo a través de la muerte y resurrección de Jesucristo que puede efectuar la salvación y el perdón de nuestros pecados. De hecho, este es el significado simbólico del bautismo en agua. El ser bautizado como un adulto y hacer tu propia decisión de seguir a Jesús, a pesar de que es posible que haya sido bautizado como un niño, no es en absoluto incompatible con el bautismo que tus padres te hicieron. Más bien, sería más como el cumplimiento de la etapa de la presentación y la fe de sus padres. Su deseo que anduvieras en los caminos de Dios todos los días de tu vida es, en efecto, siendo cumplida por tu participación voluntaria en la muerte y resurrección de Jesús en las aguas del bautismo.

La dedicación de los niños al Señor es realmente muy bíblica. Lucas 2:22 enseña, *"Y cuando se cumplieron los días de la purificación de ellos, conforme a la ley de Moisés, le trajeron a Jerusalén para presentarle al Señor."* A pesar de que no practicamos el bautismo de bebés y niños pequeños en nuestra tradición, sí los presentamos al Señor. Los niños son preciosos para el Señor y para nosotros también. Deseamos que cada uno llegue a conocer a Jesucristo como su Señor y Salvador personal, y esto es una decisión de fe que cada persona haga y nadie más puede hacerlo por ellos. Pero como padres, podemos presentar nuestros niños al Señor en el reconocimiento del don que Dios nos ha dado en los niños y la responsabilidad que tenemos en la crianza de ellos según sus caminos. Se te invita a venir y ser bautizado, no con un sentido de obligación o deber, pero de un llamado por el Señor y dar un paso para entrar en una nueva dimensión de la vida espiritual y la vitalidad de Dios.

Apéndice

Capítulo 3

1. Augustine, *On Christian Doctrine*, II:1

2. St. Augustine: *Letters* 98:2 [A.D. 408]

3. Hawthorne, Gerald, Martin, Ralph P., Reid, Daniel G. *Dictionary of Paul and His Letters*, (Downers Grove, IVP, 1993), 62

Capítulo 4

4. Thomas, R. L. (1998). *New American Standard Hebrew-Aramaic and Greek dictionaries : updated edition*. (Anaheim: Foundation Publications, Inc.)

5. Allegory taken from Jack Hayford's series *Honest to God*, (SC122CD), Jack Hayford Ministries, Southlake, TX.

6. Keener, Craig. (2003). Gilgal. In (C. Brand, C. Draper, A. England, S. Bond, E. R. Clendenen, & T. C. Butler, Eds.) *Holman Illustrated Bible Dictionary*. (Nashville, TN: Holman Bible Publishers.)

7. Huntzinger, Jon. Lecture given at The King's University for the class: Introduction to the New Testament, 2008

8. Brown, Colin. *Dictionary of New Testament Theology, vol. 1*, (Grand Rapids, Zondervan, 1975), 144

9. Kittle, Gerhardt. *Theological Dictionary of the New Testament, volume 1* (Grand Rapids, Eerdmans Publishing Company, 1964, reprinted 1999), 530

10. Lewis, C. S. (2009-05-28). Mere Christianity (C.S. Lewis Signature Classics) (pp. 196-197). HarperCollins. Kindle Edition.

Capítulo 5

11. Kittle, Gerhardt. *Theological Dictionary of the New Testament, volume 4* (Grand Rapids, Eerdmans Publishing Company, 1964, reprinted 1999), 946

12. Swanson, J. (1997). Dictionary of Biblical Languages with Semantic Domains : Hebrew (Old Testament). Oak Harbor: Logos Research Systems, Inc.

13. Kittle, Gerhardt. *Theological Dictionary of the New Testament, volume 1* (Grand Rapids, Eerdmans Publishing Company, 1964, reprinted 1999), 534

CAPÍTULO 6

14. Baker, Tom. *Incarnation*. (College Station, TX: Virtualbookworm.com Publishing Inc.), 7

15. Lewis, C. S. Mere Christianity (C.S. Lewis Signature Classics) (p. 178). HarperCollins. Kindle Edition.

16. Lewis, C. S. (2009-05-28). Mere Christianity (C.S. Lewis Signature Classics) (p. 92). HarperCollins. Kindle Edition.

17. Lewis, C. S. (2009-05-28). Mere Christianity (C.S. Lewis Signature Classics) (pp. 191-192). HarperCollins. Kindle Edition.

CAPÍTULO 7

18. Mannoia, Kevin and Thorsen, Don. The Holiness Manifesto, (Eerdmans: Grand Rapids, 2008), 30-31, article by Jonathan Huntzinger

19. Ross, A. P. *Genesis*. In J. F. Walvoord & R. B. Zuck (Eds.), *The Bible Knowledge Commentary: An Exposition of the* (Wheaton, IL: Victor Books, 1985), 30

20. Huntzinger, Jon. Lecture given at The King's University for the class: New Testament Survey, 2008

21. Peterson, Eugene H. (2011-03-11). The Message Numbered Edition Hardback (Kindle Locations 60370-60373). Navpress. Kindle Edition. (Traducción por el autor)

Capítulo 8

22. Hayford, Jack. *Newborn*, (Wheaton, IL, Tyndale House Publishing, 1987), 61

23. Hayford, Jack, Lecture at The King's University, Van Nuys, CA, March 2015

24. Hayford, Jack W. *Spirit-Filled: Anointed by Christ the King* (Van Nuys, CA, Living Way Ministries, 1984)

Sobre el Autor

Pastor Kyle W. Bauer tiene un gran trasfondo ministerial que ha durado por más de una década. Nieto del pastor icónico de la Iglesia Cuadrangular, Jack W. Hayford, Kyle se ha destacado como pastor y líder. Durante su carrera, él ha servido como pastor de niños, plantador de iglesia, misionero a México y profesor de ministerio e historia en The King's University. Su ministerio actual es ser el pastor de La Iglesia En El Camino Santa Clarita, en Santa Clarita, California. Kyle obtuvo sus grados Bachillerato (licenciatura) y Maestría de Divinidad en The King's University. Kyle y su esposa se casaron en 2003 y tienen cuatro hijos—tres niños y una niña.

Para más información o para contactar, puedes ir a su sitio web www.kwbauer.com

Sepulcro de Agua

www.ingramcontent.com/pod-product-compliance
Lightning Source LLC
Chambersburg PA
CBHW031356040426
42444CB00005B/316